은둔형 외톨이 탈출기

우리 모두의 이야기

The Story of Us: Guide Escaping from Hikikomori life

이영식 · 최태영 공저

학지사

추천사 1

정신건강의학과 전문의
『자존감 수업』『사랑 수업』 저자
윤홍균

나의 진료 경험을 돌이켜 보면 늘 아쉬운 점들이 있다. 모자란 시간에 대한 곤란함이 크지만, 감이 잘 잡히지 않았던 순간들이 머릿속에 남는다. 추정 진단도 적당했던 것 같고, 적절한 설명을 하고 다음 회기를 기약했는데 내담자의 표정은 시큰둥하고, 역시나 다음 회기에는 나타나지 않는 경험들. 참 난감한 상황이다. 내가 무언가를 빠트린 걸까? 아니면 단지 기분 탓일까? 그들은 왜 말없이 사라진 걸까?

이 책을 읽으면서 궁금증이 많이 풀렸다. 왜 진작 '은둔형 외톨이'라는 용어를 떠올리지 못했을까 싶다. 동아시아라는 특수한 지정학적 구조, 갑작스럽게 성장한 경제 구조, 그 속에서 갈피를 못 잡고 집 안으로 숨어 버린 사람들. 그들과 그 가족들이 정말 커다란 용기를 내어 진료실로 찾아온 것인데 내가 그 부분에 무심했던 것 같아 많이 미안해졌다.

은둔형 외톨이의 문제는 괴상하고 특이한 소수만의 증상이 아니다. 공황장애, 우울증, 외상 후 스트레스 장애, 조현병 등 어떤 진단명이 붙은 내담자들도 경험할 수 있고, 우리 이웃이나 가족이 될 수도 있다. '이 꼴 저 꼴 볼 것 없이 아무도 없는 곳에 숨고 싶어.'라는 생각을 한 번쯤 안 해 본 사람이 없을 것이다. 어쩌면 우리는 모두 잠재적인 은둔형 외톨이일지도 모른다.

그런 면에서 이 책은 점점 심화되어 가는 현대인의 양극화, 고립화, 회피 현상을 해결하는 실마리를 제공한다. 오랜 기간 임상에서 이들을 접하고 수많은 연구를 진행하신 이영식 교수님의 깊은 내력이 느껴져 마음이 숙연해질 정도다. 치료자와 전문가에게는 해결의 길잡이가 되고, 일반인에게는 은둔형 외톨이에 대한 관심과 애정이 피어나길 바라며 이 책을 추천한다. 많은 이에게 좋은 선물이 될 듯하다.

추천사 2

G'L 학교밖청소년연구소장
한국청소년정책연구원 명예연구위원

윤철경

정신건강의학과 의사가 은둔형 외톨이에 대한 대중서적을 발간했다. 우리 사회는 은둔형 외톨이에 대한 지식이 매우 부족하다. 당사자는 극심한 심리적 어려움 가운데 겨우 버티고 살고 있는데 주변에서는 이를 게으르다거나 배를 곯지 않아서 그렇다고 비난한다. 부모들은 그런 상태에 있는 자녀를 주변에 알리지도 못한 채 속앓이를 하며 상태를 악화시킨다.

이 책은 오랫동안 은둔형 외톨이 문제에 관심을 갖고 연구와 치료에 매진해 온 산물이다. 은둔형 외톨이는 개인적 기질과 양육 과정, 인간관계, 진학과 취업, 직장 관계 등 여러 가지 요소가 개입되어 나타나는 현상이다. 소리 없이 진행되기 때문에 이러한 현상이 두드러져 인지될 때까지 주변에서는 알 수가 없다. 이 과정이 심화되면 질병, 장애로 이어지기 때문에 조기 발견, 개입, 원인에 따른 맞춤형 처방이 이루어져야 하지만 이러한 지원 체계가 만들어지기까지 요원한 상황이다.

그동안 은둔형 외톨이에 대한 문제 인식과 개입이 전혀 없었던 것은 아니다. 20년 가까운 세월 동안 상담계, 의료계 등에서 이러한 사례를 인지하고 문제에 대응해 온 경험이 있다. 이 책은 국제적 연구, 한국의 임상 경험, 그동안 진행된 연구 결과 등을 통해 은둔형 외톨이 문제를 어떻게 인식하고 대응해야 할지에 대한 정신건강의학과 의사로서의 솔루션을 제시한다.

한국의 은둔형 외톨이 추정 인구가 13만 명을 넘어서고 있다. 그동안 그들은 정책 사각지대에 방치되어 있었다. 이 책은 당사자와 가족의 어려움이 가중되고 있는 가운데 은둔형 외톨이에 대한 이해를 돕고, 우리보다 먼저 은둔형 외톨이 치료에 앞장서 온 일본의 사례부터 한국의 사례까지 소개하면서 우리 사회가 이 문제에 대해 어떻게 대응하면 좋을지에 대해 제안한다.

은둔형 외톨이를 정신건강의학과적 문제로 보고 접근하기보다 돌봄과 소통, 공감과 지지, 은둔형 외톨이 당사자의 특성에 맞는 지속적 · 단계적 개입으로 해결해야 하지만 은둔 상태에 대한 진단, 은둔 과정에서 발생한 긴급한 정신건강의학과적 문제들을 간과하고서는 해결이 매우 어려울 수 있다. 이 책은 은둔형 외톨이에 관심을 갖고 활동하고 있는 사회복지계 · 청소년계 활동가들에게 정신의학적 지식을 풍부하게 해 줄 수 있다는 점에서 매우 유용하리라 본다. 그동안 쌓아 온 전문 지식을 모두에게 공유하고자 출판해 준 필자의 노력에 경의를 표한다.

머리말 1

중앙대학교 의과대학 정신건강의학과 명예교수

이영식

1990년대에 들어 일본은 장기간 경제 침체에 빠지기 시작하고 청년 실업이 증가하면서 방 안에 틀어박혀 세상과의 접촉 없이 혼자 지내는 젊은 청년들이 하나둘 나타나기 시작하였다. 1970~1980년대 사회적 관심이 학교를 안 가는 청소년들에게 옮겨지게 되었다. 이들을 '히키'와 '코모리'의 합성어인 '히키코모리(ひきこもり)'라 하는데, 우리에게 당구 용어로 익숙한 '히키'란 '뒤로 끌려 박힌다'는 의미이며 '코모리'란 '스스로를 격리시킨다'는 의미이다. 즉, 격리하여 콕 박힌다는 의미이다.

처음에 일본 사회학자들은 히키코모리를 Amae(의존성), Haji(부끄러움)를 중시하는 일본인들에게만 존재하는 특유의 사회 · 문화 현상으로 보았으나 점차 한국을 비롯한 구미 선진국에도 정도의 차이는 있지만 광범위하게 나타나는 사회 · 문화 현상임을 알게 되었다. 또한 이들을 치료하는 과정에서 점차 정신의학적 문제가 심각하다는 것을 알게 되었다. 한국에서는 2005년을 기점으로 은둔형 외톨이라 불리는 사람들에 대한 관심과 연구, 치료 방안 모색이 학교 부등교 학생들을 대상으로 시작되었다. 필자는 현시점에서 국내 정신건강의학과 의사(제3장 참조)와 국내 전문가들(제4장 참조)이 해 온 그간의 관심과 노력을 살펴보았다. 이분들의 노력 덕분에 광주시에서 2019년 9월 최초로 은둔형 외톨이에 관한 조례가 통과되어 2020년 10월 중순부터 관련정책의 기초자료로 활용하고자 무작위 5만 6천 가구를 대상으로 한 실태조사가 실시되었다. 한편, 서울시의회 은둔형 외톨이 정책토론회가 2017년 9월 7일에 이어 2020년 8월 25일에 열렸으며, 2020년 11월 27일 17개 관련단체와 개인이 참여한 '한국 은둔형 외톨이 지원연대' 창립총회가 열렸고 그동안의 관련 단체들이 결속하여 은둔형 외톨이를 위해 한 목소리를 낼 수 있게 되었다. 향후 광주시에 이어 서울시를 비롯한 지방자치단체에서도 조례가 통과되고 이어 은둔형 외톨이 지원센터가 전국 곳곳에 세워지기를 기대하는 시점에 이르렀다.

이 시점에서 이 책을 출간하게 된 것은 시기상으로 매우 의미 있다고 본다. 더욱이 2020년 코로나로 인해 비대면 사회가 일상화되어 가는 세상에 익숙해진 마스크 세대가 코로나 이후 다가올 세상에서 혹시 은둔형 외톨이와 연관 지어 미래에 발생할 예기치 못한 문제들을 생각해 보는 것도 의미 있다고 본다.

필자는 사회, 문화, 경제-정신의학 등 폭넓은 관점에서 은둔형 외톨이 문제를 보고 각 분야의 전문가들과 연계하여 해결책을 찾으려 하였다. 이 책의 특징은 필자들이 정신건강의학과 의사인바, 임상현장에서 겪은 은둔형 외톨이 사례들을 각색하여 제시하였다는 것이다. 비슷한 고민이나 비슷한 현실에 처한 은둔형 외톨이 당사자, 가족들, 치료자들에게 미흡하게나마 현장감 있게 실질적으로 도움이 되었으면 하는 바람이다.

끝으로, 이 책에서는 일본인을 의미할 때는 '히키코모리'라는 용어를 사용하였고, 한국인을 지칭할 때는 '은둔형 외톨이' 혹은 줄임말로 '은톨이'라 지칭하였다. '은톨이'란 필자가 즐겨 사용하는 용어로, 개인적으로는 사용도 편하고 정감도 느껴지는 용어이다.

머리말 2

대구가톨릭대학교 정신건강의학과 교수

최태영

이영식 교수님을 따라서 은둔형 외톨이 연구를 한 지 어언 15년 정도 지났다. 그동안 나는 많은 것이 변하고 성장했다. 이영식 교수님 제자에서 정신건강의학과 전공의, 소아청소년 정신건강의학과 전임의를 마치고 모교를 떠나 유타대학교 뇌과학 연구소에서 뇌영상 연구를 하다가 본교로 돌아와 교수가 되었다. 스승님의 지도가 없었다면 이 한 가지 분야에 오롯이 매진하지 못했을 것이다. 이 책을 공동 저술하면서 가르침을 다시 한번 되새기게 된다. 15년 동안 여러 가지 은둔형 외톨이 연구에 있어서 나에게 중요한 순간이 세 차례 있었다.

첫째는, 2009년 한일 학회 모임에서 규슈대학의 가토 교수를 만난 것이다. 내 은톨이 연구 결과 발표를 보고 가토 교수가 공동 연구를 제의했다. 이때부터 가토 교수와의 연구 인연뿐만 아니라 친구로서의 인연은 계속되고 있다.

둘째는, 2012년 삿포로에서 열린 일본 정신신경의학회 학회에서 미국 미시간대학에서 일하던 알란 테오 교수를 만난 것이다.

가토 교수의 주선으로 만나게 되었고, 같이 연구 발표를 하면서 우리 셋은 다시 의기투합하게 되었다. 셋의 연구 인연은 10년을 이어 오고 있다.

셋째는, 2018년 후쿠오카에 위치한 가토 교수의 히키코모리 클리닉을 방문한 것이다. 히키코모리의 진단 및 치료 과정을 견학하면서 히키코모리 집단 치료 회기에도 참석하였다. 회기 내에서 만난 히키코모리는 여느 일반 청년과 마찬가지로 외부에서 온 이방인 외국인을 살갑게 맞아 주었다. 모자란 영어로 나에게 더듬더듬 질문을 하는 게 새롭게 느껴졌다. 회기를 마치고 가토 교수의 개인 면담 시간에도 같이 참여했는데, 진료실 내의 그 청년은 회기 내의 모습은 온데간데없이 다시 수줍고 말 못하고 눈 못 마주치는 히키코모리 청년이 되어 있었다. 이때 치료의 효과와 필요성을 절실히 느꼈다.

우리 병원에 돌아와서 나도 가토 교수처럼 은톨이를 도와줄 수 있는 클리닉을 개설하는 게 나의 소망이 되었다. 그리고 나의 연구 방법론 중 하나인 뇌영상 연구를 통해 은톨이의 대뇌 병리 현상을 밝혀내는 것이 내 연구의 마지막이 될 듯하다.

이 책을 통해서 많은 이가 은톨이의 맘과 삶을 이해하고 존중하게 되기를 바라고, 은톨이와 함께 사는 부모들은 걱정을 덜기를 바란다. 또한 여러 관계자가 은톨이에게 도움을 줄 수 있는 첫걸음이 되었으면 한다.

차례 | contents

Part 3 은둔형 외톨이가 되는 과정 107

Part 4 은둔형 외톨이의 진단, 평가 및 탈출방법 175

Part
1

은둔형 외톨이의 개념과 현상

1

혼자 방에 있어도 생존이 가능한 신인류의 출현

인간은 원시시대로부터 혼자 돌아다니는 동물이 아니라 무리 본능에 의해서 무리를 지어서 다니며 수렵, 채집을 했던 종이다. 고대 그리스 철학자 아리스토텔레스 또한 "인간은 사회적 동물이다."라고 규정하였듯이, 인간 내면에는 혼자가 아닌 타인과 어울려 도움도 받고 인정도 받고 살려는 사회적 본능 혹은 사람을 좋아하고 따르려는 애착 본능이 존재한다. "호랑이는 죽어서 가죽을 남기고 사람은 죽어서 이름을 남긴다."라는 말의 의미는 인생의 목표, 삶의 목표의 상당 부분이 타인으로부터 인정받고 존경받으려는 사회적 본능 혹은 사랑받고 의지하려는 애착 본능이 내면에 존재하기 때문에 생김을 의미한다. 이는 집단 구성원으로부터의 추방을 두려워하는 격리 불안을 자연히 유발한다. 고대 도시 국가 아테네에서 행해진 도편추방제(陶片追放制), 즉 도자기 파편에 이름이 적힌 숫자가 일정 수를 넘을 경우 외국으로 일정 기간 추방하는 형벌이나 혼자 독방에 갇히는 형벌 모두 격리 불안을 이용한 제도이다. 격리 불안의 핵심은 나 혼자서 생존할 수 있겠느냐는 공포이다. 따라서 대부분의 인간은 무리로부터 이탈을 걱정하여 좋든 싫든 간에 그가 속한 집단의 규범에 따르고 맞추어 적응하며 살아가는 것이다.

그러나 일부 사람들의 경우 그가 속한 집단의 규범에 따르고 맞추어 적응하며 살아가야 하는 것에 반발하여 그가 속한 집단으로부터 이탈하거나, 일부는 엄청난 스트레스를 받고 힘들지만 적응 중이거나, 일부는 사람들과의 스트레스를 못 견디고 아예 철수하여 집단과 연결을 끊어 버리고 숨어 지낸다. 청소년의 경우 이러한 현상에 대해 '등교 거부' '부등교' '학교 밖 청소년' '학교부적응' 등 다양한 명칭으로 불린다. 성인들의 경우, 흔히 '잠수를 탄다'는 말이 뜻하듯 세상 사람들과 소통을 끊고 잠적해 버리는 현상으로 나타난다.

물론 인간의 내면에는 사회생활의 스트레스로부터 자유롭게, 누구의 간섭도 받지 않고 나만의 자유를 만끽하고자 하는 본능이 존재한다. 산에서 누구의 도움도 받지 않고 혼자 생활하는

'자연인'들에 관한 이야기가 수년 전부터 인기리에 방영되기 시작하여 여러 케이블 채널에서 지금도 성황리에 방영된다는 사실은 누구에게나 이런 욕망이 있음을 증명해 준다. 비록 이들이 잠시 세상을 등지고 홀로 산에서 살지만 나름대로 열심히 열악한 자연환경에 적응하여 살고 현재의 생활에 대하여 자부심과 만족감을 가지고 있으며 항시 세상과의 소통에 문을 열어 놓고 있다는 것이다.

반면에, 어떤 사람들 중에는 남과의 소통에 대하여 관심이 별로 없거나 혹은 아예 관심이 없이 태어나는 경우도 있다. 즉, 사회적 본능 혹은 애착 본능이 결여된 외톨이적 성향과 기질을 갖고 태어나는 경우로, 보통 사람들과는 달리 혼자 있게 되는 것에 대한 두려움이나 외로움이 상대적으로 적다. 어릴 적부터 부모, 또래, 동물들과 노는 것보다 기계 등 무생물에 더 집착을 보이는 자폐스펙트럼장애(Autism Spectrum Disorder) 또는 주변 사람들과의 교류에 관심도 별로 없고 타인의 마음을 읽고 감정에 공감하는 능력이 떨어지며 남이 관심을 가져 주는 데에 수줍음을 타고 오히려 불편함을 느끼는 조현성 성격(schizoid personality) 소유자가 이에 해당한다. 따라서 이들은 사회로부터 떨어져 가족과 혼자 지내더라도 외로움, 두려움, 주변 가족과의 심리적 갈등 내지 부모에 대한 원망, 분노, 공격성이 별로 없다.

그러나 대부분의 은둔자는 사람들과의 스트레스를 못 견디고 아예 철수하여 집단과 연결을 끊어 버린 상태에서 두려움, 외로움, 분노를 지닌 채 살아간다. 과거에는 학교, 직장, 사회 활동에 대한 중단 혹은 이탈은 경제적 활동의 중단을 의미하고 결국은 생존의 위협을 초래하기 때문에 본인은 물론 주변에서도 이를 용인하기가 매우 어려웠다. 하지만 현대 사회로 접어들면서 혼자 방에 박혀 가족을 포함한 외부인들과의 일체 소통을 안 해도 혼자 생존이 가능한 신인류들이 등장했다. 일본에서는 등교 거부를 시작으로 나타났고, 한국에서는 인터넷 중독을 시작으로 나타났다. 이러한 신인류들이 탄생하게 된 배경에는 부모 세대가 이룩한 경제적 풍요로 인해 누구의 간섭도 받지 않는 자기만의 방이 생기고, 인터넷의 도입으로 혼자서도 방에서 즐길 수 있는 세계가 열려 있고, 인스턴트 식품으로 끼니가 해결되고, 택배가 가능하여 굳이 집 밖을 나갈 필요가 없고, 더욱이 부모에 기생하여 지내므로 돈을 벌러 직장을 다닐 필요가 없다는 모든 조건이 맞아떨어진 결과라 하겠다. 더욱이 최근 4차 산업혁명으로 인해 사람을 꼭 필요로 하는 일자리의 감소와 점차 늘어나는 재택근무 환경으로 인해 사람들과의 대면 없이 집에만 머무는 사람들이 늘어나던 시점에서 누구도 예상치 못한 코로나19 사태가 2020년 초에 터진 것이다. 우리는 코로나19가 언제 끝날지 모른 채 아무도 경험하지 못한 세상에 살게 되었다. 미래에 가장 우려되는 사항은 사회적 거리두기가 일상화될 경우 그간 학교나 단체생활을 통해 이루어졌던 사회성 발달의 기회가 박탈된 채 성장하는 마스크 세대의 출현이다. 생존을 위해 은둔형 외톨이로 살아가야 하는 새로운 세상이 펼쳐지는 것은 아닌지 우려가 되는 시점이라 하겠다.

2

한국의 '은톨이', 일본의 '히키코모리' 출현 시기

1970~1980년경부터 일본에서는 등교 거부 학생들이 사회적 문제로 떠오르기 시작하였다. 대부분의 사람은 이를 과열된 대학입시 경쟁 체제에서 탈락한 일부 학생들의 고루하고 답답한 학교라는 억압된 교육 체계를 거부하고 진정 자기가 원하는 것을 찾으려는 시도로 보았다. 하지만 1990년대 들어 일본이 장기간 경제 침체에 빠지기 시작하고 청년 실업이 증가하면서 방 안에 틀어박혀 지내는 사람들이 하나둘씩 나타나기 시작하였다. 사회적 관심이 학교를 안 가는 청소년에서 직장을 안 다니는 젊은 청년으로 관심이 옮겨졌다. 1998년에 일본 정신건강의학과 의사 사이토 다마키가 『히키코모리-끝나지 않은 청소년기』를 저술하면서 히키코모리는 유행어가 되어 버렸다. 히키코모리(ひきこもり)는 '히키'와 '코모리'의 합성어이다. 우리에게 당구 용어로 익숙한 '히키'란 '뒤로 끌려 박힌다'는 의미이며 '코모리'란 '스

스로를 격리시킨다'는 의미이다. 즉, 격리하여 콕 박힌다는 의미이다. 사이토는 당시 히키코모리란 용어를 잠정적으로 "6개월 이상 학교를 결석하거나 일하러 밖으로 나가지 않고 대부분의 시간을 집에서 보내는 사람"이라고 규정하였으며 다른 나라에는 없는 일본 특유의 사회 현상이라고 여겼다. 마치 우리나라 여인들이 울화가 치밀어 뜨거운 불덩이가 몸 여기저기를 돌아다니는 것처럼 이유 없이 아픈 증상을 한국인 특유의 억압적 유교 문화에서 유래된 '화병'이라 칭하듯, 실제로 2010년 옥스퍼드사전에는 히키코모리가 "일본 특유의 문화병"으로 등재되었다. 이와 비슷한 시기에 현대형 우울증(Modern Type Depression)이라는 신조어가 일본 사회에 새롭게 등장하였다.

현대형 우울증 대부분은 이기적이고, 인간관계 형성에 회피적이며, 자기애적 성격이 강하여 남들로부터 쉽게 자존심에 상처를 받으며, 난관을 잘 극복하지 못하는 성격을 가진다. 이들의 특징적 증상은 우울하다는 말을 쉽게 하며, 학교나 직장 일에 회피적이며, 회피하는 순간 우울 증상이 사라진다. 현대형 우울증은 증상이 점점 심해져서 학교 결석이나 직장 결근이 장기간 지속될 경우에는 히키코모리와 유사해진다. 이러한 연속성을 간파한 규슈대학 정신건강의학과 가토 교수는 현대형 우울증을 예비 히키코모리 단계(히키코모리 전 단계)라고 주장하였다.

우리나라에서는 1998년 IMF 경제 위기를 시작으로 장기적인 경기 침체, 청년 실업률의 증가, 핵가족화, 개인주의의 심화 과정 등을 겪으면서 점차 일본의 히키코모리와 유사한 특징을 보이는 '은둔형 외톨이'라 불리는 사람들이 생겨나기 시작했다.

급기야 2005년 4월 KBS 〈추적 60분〉을 통해 한국의 은둔형 외톨이 사례가 소개되면서 처음으로 대중에게 은둔형 외톨이의 심각성이 알려지게 되었다. 한국적 특성으로는 초고속 인터넷망의 보급률이 전 세계에서 최고 수준에 이르므로 하루 종일 집에서 인터넷게임을 즐기며 보내는 은둔형 외톨이가 존재할 수 있는 좋은 환경이 이미 조성되어 있었다는 것이다. 실제로 발달된 인터넷 환경은 하루 종일 집에 틀어박혀 시간의 흐름을 망각한 채 외부 세계와 단절되어 지내는 '인터넷 중독자' '사이버 폐인'이라 불리는 사람들이 한국에서 급증하는 계기가 되었다.

'외톨이'란 외롭게 혼자 지내는 사람을 뜻하는 우리말이다. 마늘통이나 밤송이에 두 톨이 들어 있어야 할 자리에 한 톨만 들어 있는 알을 '외톨'이라고 한 데서 생겨난 말이다. 외톨이는 세상과 접촉을 피해 은둔하는 '은둔형 외톨이'와 혼자서 사회적 활동을 하는 '활동성 외톨이'로 나누어진다. 일본의 히키코모리와 한국의 은둔형 외톨이는 추후에 비교 언급되겠지만 발생 원인, 현상, 규정이 다소 차이를 보이지만 같은 문제를 지닌 사람들을 지칭하는 것이라고 판단된다. 다만, 한국과 일본의 차이를 한마디로 정리하라면 히키코모리는 '콕 박힌다'에 방점을, 은둔형 외톨이는 '혼자 외롭게'에 방점을 찍는다는 개념상의 차이가 있다. 끝으로, 이 책에서는 일본인을 의미할 때는 '히키코모리'라는 용어를 사용하고, 한국인을 지칭할 때는 '은둔형 외톨이'의 줄임말로 '은톨이'라 칭하였다. '은톨이'란 필자가 즐겨 사용하는 용어로 개인적으로는 사용도 편하고 정감도 느껴지는 용어이다.

3

은톨이에 대한 국내 정신건강의학과 의사들의 관심과 연구

우리나라에서의 은톨이에 대한 정신건강의학과 의사들의 관심과 연구의 시작은 2000년 무렵이다. 은톨이에 대해 최초로 관심을 가진 사람은 삼성사회정신 건강연구소와 강북삼성병원 소속의 정신건강의학과 의사인 이시형 박사와 그의 제자인 여인중 원장이었다. 이들은 한국에도 일본과 같은 '히키코모리'가 존재한다는 것을 최초로 밝혀냈고 일본 학자들과 민간 활동가 당사자들이 모여 히키코모리-은톨이에 대한 한일 학술적 국제 교류를 시작하였다.

2005년은 은톨이에 대한 연구 발표와 대중에게 은톨이에 대해 알리는 의미 있는 한 해였다. 2004년 1월, 6월에 이어 2005년 1월에 교토에서 제3회 한일 히키코모리 회의가 열렸고, 같은 해 4월에는 사회적 이슈를 다루는 KBS 〈추적 60분〉에서 은톨이란 주제가 처음으로 한국에서 방영되었다. 방영 내용을 간략히 소개하자면, 첫 번째 한국 은톨이 사례로 방바닥에는 이불솜처럼 뭉쳐지는 먼지와 머리카락, 온갖 쓰레기가 가득한 집이 소개된다. 그가 세상과 단절한 이유는 학창 시절 집단 따돌림에 대한 상처 때문이었다. 그는 고등학교 졸업 후 4년째 방 안에서만 생활하고 있었다. 머리를 깎지 않아 길어진 머리카락이 얼굴을 가려 제작진이 처음 대면할 때 여자로 착각할 정도였다. 이 청년이 치료 덕분에 4년 만에 바깥 세상으로 나와 첫 외출로 고등학교 때 은사를 만나러 가는 과정을 취재한 것이다. 두 번째 은톨이 사례는 20대 한국인 청년으로, 게임에 중독되어 7년째 방 안에서 인스턴트 식품만 먹으며 지내는 사례였다. 세 번째 사례는, 20대 일본 히키코모리 청년의 부모가 히키코모리 전문가를 찾아가 조언을 받고 난 후 치료진이 가정을 방문하여 아버지 주도하에 청년을 강제로 방에서 끌어내어 히키코모리 재활시설로 옮기고 사회 구성원으로 거듭 태어나게끔 만드는 재활훈련 과정을 취재한 것이었다.

2005년 5월에는 개인 의원 원장이 된 여인중 원장에 의해 그간의 한일 교류를 통해 얻은 은톨이, 히키코모리에 대한 한국, 일본 양측의 견해와 리듬 치료를 비롯한 예체능 기법을 이용한 치료법인 Quality of Life Production을 소개한 『은둔형 외톨이』가 출간되었다. 12월에는 국가청소년위원회에서 발주하였고 한국청소년상담원과 여인중 원장에 의해 일반 학생, 상담 기관 방문자, 정신건강의학과 의원 방문자들을 대상으로 설문지를 작성하게 하여 이를 분석한 「은둔형 외톨이 등 사회부적응 청소년 지원 방안 보고서」가 발간되었다. 이 보고서의 요지는 인터넷을 통해 은톨이에 대한 홍보와 자가 진단 체계를 갖추고, 청소년 상담치료 전문가를 대상으로 한 매뉴얼을 제작하여 교육하고, 은톨이를 대상으로 한 단기 캠프와 장기 기숙형 시설을 설립하고, 병원과의 연계 시스템을 갖추어야 한다는 것이었다. 이 무렵 은톨이에게 교회 목회 상담, 이메일 상담, 미술 치료를 시행하여 효과를 보았다는 사례 중심적 보고들이 있었다.

2006년에는 국가청소년위원회가 발주한 은둔형 외톨이 지원사업이 필자의 주도하에 대한청소년정신의학회 회원들의 참여로 이루어졌다. 서울 및 경기도 소재 13개 대학 병원, 의원, 지역정신보건센터를 통해 은톨이로 추정되는 사례를 발굴하고, 사례상담자가 대상자의 가정을 직접 방문하여 각기 다른 세 종류 설문지, 즉 부모 작성 설문지, 은톨이 본인 작성 설문지, 상담자 작성 설문지를 작성하게 하였다. 3개월간의 평가와 치료 과정을 거친 후 작성된 설문지 자료를 바탕으로 2006년 12월 '심각한 은둔형 부적응 청소년의 원인 규명 및 치료(예방)를 위한 가정 방문사업' 보고서가 발간되었다. 보고서 내용을 간단히 요약하면 총 65명이 은톨이 지원 사업에 문의 혹은 의뢰되었으나, 방문거부, 진단기준 미흡, 명백한 정신건강의학과 질환으로 인해 24명이 중도 탈락되어 최종 41명의 자료를 분석한 바, 남녀 비는 3:1로 남성이 3배 많았으며, 42%가 은톨이 문제로 상담 기관이나 병원 치료를 받은 적이 전혀 없었고, 44%가 성장 과정 중 가정에서 학대, 방임, 따돌림의 경험을 갖고 있었으며, 56%는 학교에서 따돌림 혹은 괴롭힘을 당한 경험이 있었으며, 19%는 따돌림 경험이 직접적인 은둔 생활의 원인이 되었다고 생각하고 있었다. 은톨이가 아닌 사람과 비교할 때 불안, 우울, 인터넷 중독 척도가 높았고 자존감 척도는 낮았으며 다양한 정신 질환이 공존하고 있었다. 가정 방문 사업의 치료 성과를 살펴보면 비록 4명의 피상담자는 아예 상담조차 하지 못하였지만, 3개월이라는 짧은 기간임에도 외출 활동 증가 14명, 가족 간 대화 증가 13명, 대인 관계 접촉 증가 11명, 가족 간 관계 개선 11명, 외출 시간 증가 9명, 집단 활동 참여 6명, 학교 등교 4명, 아르바이트 활동 2명, 학원 수강 1명의 성과를 거두었다. 이 가정 방문 사업에서 가장 힘들었던 점은 예상보다 대상자 발견이 힘들었다는 것과 가정 방문에 대한 청소년/부모들의 저항이었다. 또한 사업 기간이 너무 짧았다는 것이다. 은톨이 특성상 1년 넘게 지속적이고 꾸준한 치료적 접근이 이루어져야 비로소 치료자에게 마음의 문을 여는 경우가 있기 때문이다. 2007년 2월에는 비교적 자세한 정보를 얻을 수 있었던 36명(13~23세)의 각기 다른 사연과 치료 과정을 소개한 「은둔형 외톨이 청소년 사례집」이 발간되었다.

2010년 2월 5일 『아사히 신문』과 와카야마 의대 공동 주체 오사카 히키코모리 대중 강연에서 사이토 다마키의 히키코모리 강연에 이어 한국의 은톨이 연구에 대한 필자의 발표가 있었다. 필자의 발표 요지는 은톨이의 공존 정신 질환에 대한 것으로, 은톨이를 사회학적 관점에서 볼 것이 아니라 정신의학적 관점에서 봐

야 하며, 이를 위해서는 정신의학적 평가와 치료가 중요하다는 것이었다. 2010년 2월 15일 『아사히 신문』에 일본이 한국보다 은톨이가 많은 이유에 대한 대중 강연 당일, 기자의 질문에 답한 내용이 게재되었다. 일본의 경우 원하는 사람만 군대를 가는 모병제로 사회와의 연결망이 끊긴 문제 청소년들이 외부에 노출되지 않고 방치된 채 어른으로 성장하여 사회적으로 큰 문제를 일으키지만, 한국은 징병제로 청년 전원이 징병신체검사를 받아야 하므로 미리 정신건강의학과를 방문하는 과정에서 자의 반 타의 반 사회와 연결이 되고 정신건강의학과적 진단이나 심리 검사 결과에 대한 조언과 치료를 받을 수 있는 기회가 있다는 것이 이유가 될 수 있다는 필자의 견해가 보도되었다([그림 1] 참조).

[그림 1] 한인 은둔형 외톨이 빈도 차이와 병역 제도 간의 관련성
(『아사히 신문』, 2010. 02. 15.)

2011년 9월 아르헨티나 부에노스아이레스에서 열린 세계정신의학회(World Psychiatry Association)연례 학술대회 히키코모리 심포지움에서 일본 삿포로의과대학 타테노 교수에 이어 필자의 한국 은톨이의 원인 규명과 치료에 대한 발표가 있었다. 발표의 요점은 다음과 같다. 은톨이는 치료 측면에서 세 그룹으로 나뉘는데 치료를 원하는 그룹은 불안, 우울의 정서가 지배적이며 치료에 협조적이어서 예후가 가장 좋고, 치료를 거부하는 그룹은 반항적이고 분노에 차 있어 치료적 접근이 어렵지만 극적으로 호전될 가능성이 있으며, 치료에 무관심한 그룹은 자폐 성향이 있거나 조현성 성격으로 근본적으로 사회적 관계에 관심이 없어 치료하기 가장 힘든 그룹이다([그림 2] 참조).

치료를 원하는 그룹	치료를 거부하는 그룹	치료에 무관심한 그룹
회피적 성향 내 탓 불안 우울이 핵심감정	반항적, 자기애적 성향 남탓 의심, 분노, 원망이 핵심감정	조현성, 자폐 성향 감정갈등 (–)
자신의 현재 처지 인정 치료 원함	자신의 현재 처지 부정 치료에 양가적 감정	자신의 현재 처지 고수 치료에 소극적

[그림 2] 은둔형 외톨이 치료의 세 가지 유형
(이영식, 2011년 WPA 연례 학술대회 히키코모리 심포지움에서 제안)

2011년 국내 학술지인 『소아청소년정신의학』에 36문항의 정신 질환과 감별이 가능한 '부모 작성용 은둔형 외톨이 선별 도구 개발'이란 논문이 필자팀에 의해 실렸고, 2013년 국제 SCI 학술지인 『PCN(Psychiatry and Clinical Neuroscience)』에 병원 방문은 물론 상담 치료 기관 방문조차 아예 거부하는 대부분의 은톨이를 위한 '한국의 은둔 청소년 가정 방문 평가 치료 프로그램'이 필자팀에 의해 게재되었다.

정신건강의학과 의사가 주도한 대규모 은톨이 역학 연구는, 2019년 보건복지부 정신기술개발단의 지원 아래 삼성서울병원 홍진표 교수가 진행한 사회적 고립 실태 조사에 의해 국내에서 처음으로 이루어졌다. 서울시 강남구, 경기 파주시, 대구시 중구 총 세 군데에서 2019년 9~12월에 걸쳐 15~74세 1,010가구 1,700명이 대상이었다. 은톨이 기준은 현재와 과거를 포함하여 3개월 이상을 집에서 보내며, 등교 혹은 출근 등 사회적 활동을 하지 않으려 하고, 친구나 가족을 만나지 않으려 하는 경우였다. 이 세 기준을 모두 만족시키는 은톨이는 0.9%에 해당되었다. 3개월 기간 기준에 미흡하거나, 세 가지 기준 중 두 가지만 만족하는 은톨이 위험군은 2.6%였다. 삼성서울병원연구팀의 이 0.9%는 추후 설명할 2017년 한국청소년정책연구원의 0.91%와 유사한 수치였다. 즉, 100명 중 1명 미만이 은톨이인 셈이다. 삼성서울병원연구팀의 은톨이 16명은 남성에서 높은 비율을 보였고, 20대가 가장 많았으나 10대부터 60대까지 다양한 분포를 보였다. 평균 24.5세부터 은둔이 시작되어 2년 이상의 은둔 기간을 보였다. 이들에 대한 심층 조사를 한 결과, 높은 비율의 사회적 고립, 외로움, 우울감, 사회불안, 자살 성향을 보였고 정신건강의학과적 진단에 하나 이상 해당하는 경우가 70%로, 그중 회피성 성격장애 50%, 자폐 고위험군이 50%였다. 이렇듯 정신 질환과 공존 현상이 높은 것은 필자가 실시한 2006년 연구와도 비슷한 결과였다.

연구 이외에 현재까지 한국에서 발간된 책 중에 대중에게 은톨이에 대해 정신건강의학과적 측면에서 가장 쉽고 가장 정확하게 설명한 책을 하나 소개하자면 『스타벅스로 간 은둔형 외톨이: 세상과의 소통을 갈구하는 23명의 이야기』(이소베 우시오, 2009)이다. 이 책은 일본 히키코모리의 사례이므로 한국과 문화적 차이가 있을 수 있고, 사례 연령이 20~30대로 취업 및 직장 관련 스트레스 사례가 많아 앞서 보고한 한국 은톨이 사례가 학교 부등교인 10대라는 연령상의 차이점을 감안하고 읽는 게 좋다. 한국의 은톨이를 이해하고 치료하는 데 도움이 되는 책이라고 본다.

4

은톨이에 대한
국내 전문가들의 노력과 정책 제안

우리나라에서 최초로 은톨이에 관심을 가진 사회적 기업은 유자살롱이다. 유자살롱(이충한, 전일주 공동대표)은 젊은 음악인들이 모여 여러 가지 이유로 학교를 자퇴한 뒤 집 안에서만 지내면서 사회와 고립된 아이들을 밖으로 불러내 악기 연주법을 가르쳐 주고 밴드를 만들어 무대에 서게 하는 사회적 기업이다. 최초로 음악청소년지원프로그램을 통해 은톨이 문제를 해결하기 위해 노력한 단체이다. 이름이 뜻하듯 모든 짐에서 벗어나 유유자적하게 놀고 지내라는 모토로 출발하였다. 이충한 대표는 "사람과 사람은 서로 끌어당기는 힘(중력)이 있는데, 이 아이들은 그걸 마음으로 닫아 버린 무중력 상태"라며 은톨이 대신 '무중력 청소년'이란 용어를 사용하였으며 음악을 통해 그 무중력 상태를 해제할 수 있다고 주장하였다. 필자가 보기에 이 대표가 사용한 중력이란 용어보다는 사람 간에 끌어당기는 인력(人力)이라는 용어가 더 적합하다고 본다. 즉, '무중력 청소년'보다는 '무인력 청소년'이 더 정확한 표현이라고 본다. 실제 2015년 홍대 앞 카페 공연도 하였다. 2010년부터 하자센터에서 은톨이 청소년에게 음악프로그램을 제공했던 사회적 기업인 유자살롱은 사회적으로 지원 우선순위가 낮기 때문에 운영비 문제로 5년간 활동하다가 아쉽게도 2015년에 활동이 중지되었다.

현재 은톨이에 특화된 전문 민간지원 단체로는 K2 인터내셔널 코리아가 유일하다. K2 인터내셔널 그룹은 1989년 일본에서 당시 사회적 문제였던 등교 거부를 해결하고자 요코하마, 이시노마키, 뉴질랜드-오클랜드, 호주-시드니, 서울에 기관을 설립하여 등교 거부, 은둔형 외톨이, NEET(Not in Education, Employment or Training)를 대상으로 청소년 자립을 도와주는 국제 기관이다. 2012년 서울 성북동 소재 공동 주거 시설인 K2 인터내셔널 코리아가 출범하여 현재도 은톨이를 위한 왕성한 활동을 하고 있다. 2012년 한국 법인을 설립하여 활동을 시작해 왔고 본격적으로 고립 청소년들의 자립을 위한 K2 공동 생활 프로그램, JOB CAMP, 부모 모임, 집에서 안 나오는 은톨이의 경우 가정 방문 아웃리치 사업, 또래 은둔 경험자가 지원자로 참여하는 또래(peer) 지원자 양성 사업, 한일청년포럼을 후원하고 있다. 특히 2020년에는 '은둔고수'라는 또래 지원자 사업을 시작하였다. 이는 2019년 청년재단 체인지업 프로젝트 졸업 은톨이들이 중심이 되어 자신과 처지가 같은 은톨이를 지원하는 사업을 직접 기획하고 집행함으로써 지원받는 당사자로부터 좋은 반응을 보이고 있다.

필자와 대담한 오오쿠사 미노루 K2 인터내셔널 코리아 교육팀장은 "K2 시작 무렵, 많은 지원 단체가 나설 것이라는 예상과 달리 지원 단체가 있던 것도 사라졌다. 이유는 열심히 노력하는 사람들한테 지원도 부족한데 왜 집에서 놀고 있는 사람들한테 도움을 주어야 하느냐는 부정적 인식, 부모의 경제력 차이로 인한 차별적 지원의 어려움, 당사자를 발굴하더라도 지원받는 것에 적극적으로 나서지 않는 어려움 때문이다. 개개인이 가진 문제점과 능력이 너무 다르기 때문에 획일적인 지원보다는 개개인에 맞는 맞춤형 지원이 필요하다. 한일 히키코모리에 차이는 없다. 먼저 경험을 가진 일본 프로그램이 모두 효과적인 것도 아니다. 한국의 실정에 맞는 프로그램 개발이 필요하다."라고 하였다.

국내에서 은톨이에 대한 역학 연구 및 실태 파악은 2016년 한국청소년정책연구원(김기헌 연구책임자)이 NEET와 은톨이의 실태를 조사한 연구로 이루어졌다. 전국 5,000가구 19~39세 2,300명 조사 결과, 21명(0.91%: 남자 0.75%, 여자 1.08%)이 은톨이로 추정되었다. 이 연구의 은톨이 기준은 2015년 일본 내각부 기준과 같이 6개월 이상 뚜렷한 목적이나 이유 없이 행동 반경이 자기 방-집 안-인근 편의점-간혹 동호회 활동에 국한된 경우에 한하였다. 당시 19~39세 인구 통계가 1,490만 3,919명(행정안전부 주민등록, 2017년 6월)이었던 바, 0.91%를 대입할 경우 우리나라의 '광의의 은톨이'는 13만 5,625명이었다. 이는 비구직 NEET 숫자의 10%에 해당되었다.

K2에서는 2017년부터 부모 교류회 '열쇠방 사람들'이라는 월례 모임을 하였는데 이를 모태로 한 부모 모임이 1년 후 2020년 1월 11일 40명의 회원으로 '한국 은둔형 외톨이 부모 협회'(주상희 공동대표, 여인중 고문)라는 명칭으로 출범하였다.

윤철경 G'L 학교밖청소년연구소 소장은 2020년 구조화된 설문지를 통해 은톨이 부모 27명을 대상으로 자녀의 식사 형태, 건강 상태, 하루의 주 활동, 은둔 시작 시기 등에 대한 질의를 하였으며, 은톨이 지원연대를 통해 127명 은톨이 자신들의 행동 반경, 은둔 계기, 은톨이 용어의 적정성, 조례 제정에 대한 생각, 도움의 필요성, 원하는 지원 방법에 대한 질의를 하였으며, 16개 은둔형 외톨이 민간 지원 기관에 대해 은톨이의 인적 구성, 서비스 기간, 서비스 현황, 치료 인력, 치료 지원 등 현 난제점과 바람에 대해 질의를 하였다. 조사 결과는 조례 제정 및 은톨이 정책 제안의 기초 자료로 제시되었다.

일본에는 현재 각 현마다 히키코모리 조례에 따라 총 75개 전담센터가 운영되고 있다고 알려져 있다. 우리나라에서는 광주시가 2019년 9월 최초로 은둔형 외톨이에 관한 조례가 통과되었다. 조례에 따라서 2020년 10월 중순부터 은톨이 관련 정책의 기초 자료로 활용하고자 무작위 5만 6천 가구를 대상으로 한 실태 조사가 실시되었다. 한편, 서울시의회 은둔형 외톨이 정책 토론회가 2017년 9월 7일에 이어 2020년 8월 25일 G'L 학교밖연구소 윤철경 소장의 기조 강연을 시작으로 K2 인터내셔널 코리아 오오쿠사 미노루 교육팀장, 호서대 청소년문화상담학과 김혜원 교수,

꿈터가정형 대안학교 대표 배영길, 한국 은둔형 외톨이 부모 협회 공동대표 주상희, 은톨이 당사자이자 '은둔고수' 운영자인 유승규, 국무조정실 청년정책추진단 정책관 임성수가 참여한 가운데 서울시의회 의원 여명의 사회로 진행되었다. 2020년 11월 27일, 17개 관련 단체와 개인이 참여한 '한국 은둔형 외톨이 지원 연대' 창립 총회가 열림으로써 그동안의 연관 단체들이 결속하여 은톨이를 위해 한목소리를 낼 수 있게 되었다. 향후 광주시에 이어 서울시를 비롯한 지방자치단체에서도 조례가 통과되고 이어 은둔형 외톨이 지원센터가 세워지기를 기대한다.

5

'은톨이' '히키코모리'와 관련된 신조어, 유행어

한국의 은톨이, 일본의 히키코모리 탄생의 원인과 실체를 이해하기 위해서는 전후(戰後) 세대의 사회 · 경제 · 교육 변화 상황을 단적으로 대변하는 신조어와 유행어들을 살펴볼 필요가 있다. 특히 2000년 전후로 젊은이의 취업 문제가 전 세계적으로 심각한 사회 문제로 대두되며 여러 신조어가 탄생하였다. 한국에서도 이십대 태반이 백수라는 '이태백', 청년 백수 전성시대라는 '청백전', 낙타가 바늘 들어가기보다 어려운 공부를 하는 학생이란 뜻의 '낙바생', 명예퇴직자들을 명태라 칭한 것과 대비되는 말로 명태보다 못한 '노가리'라는 말이 있다. '노가리'란 취업에 성공하였지만 근무도 못한 채 해고되는 청년들을 지칭한다. 은톨이와 유사한 말로 '구석방 폐인' '폐쇄증후군' '칩거증후군'이라는 말이 유행하였다. 외국어를 변형시켜 새로운 말을 잘 만들어 내는 일본인들의 신소어와 유행어를 비롯하여 은톨이와 관련된 전

세계의 유행어를 간략히 정리하여 소개하면 다음과 같다. 다음에서 소개하는 신조어들의 탄생 배경은 세계적으로 공통된 현상으로, 세계적 경제 침체로 인해 구직이 어려워 집에 있을 수밖에 없는 젊은 층의 취직난 세대, 부를 축척한 부모의 경제력 혹은 부모의 연금, 사회 복지 수당(청년 수당, 실업 수당)에 의지함으로 인해 취직에 대한 절실함이 결여된 세대, 직장에 다니더라도 스트레스를 못 견뎌 직장을 쉽게 포기하고 사직하는 나약한 세대, 개인주의가 발달하여 결혼, 자녀, 출산에는 관심이 없고 오직 자신만의 삶을 즐기는 데에만 관심이 있는 세대와 연관이 깊다. 이러한 사회적 현상을 종합적인 관점에서 정리한 것이 [그림 3]이다.

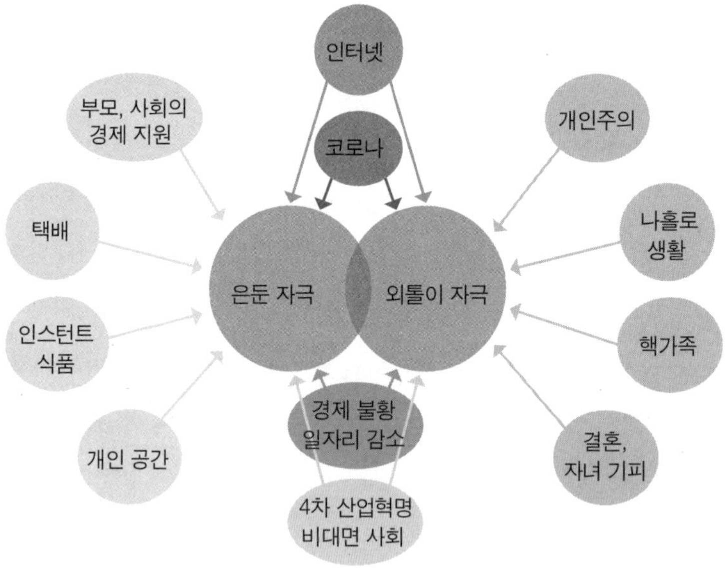

[그림 3] 은둔형 외톨이 증가의 사회적 요인에 대한 모식도(이영식, 2020)

부연 설명하자면 은둔 자극과 외톨이 자극을 조장하는 조건이 겹치는 경우 은톨이 위험성이 증가되며, 여기에 개인적 정신병리가 추가될 경우 은톨이 문제가 발생된다는 것이다. 은톨이의 사회·경제·문화 현상을 이해하기 위해서 알아야 할 신조어와 유행어를 소개하면 다음과 같다.

단카이 주니어, 한국 Y세대

'단카이(團塊)'란 뭉치, 덩어리란 뜻의 일본어이며 '주니어(junior)'란 자식을 뜻하는 영어이다. 단카이 주니어 세대란 1948년 종전 직후 태어난 베이비붐 세대인 '단카이 세대(1947~1949)'의 자녀들로 1970~1974년에 태어난 2차 베이비붐 세대를 일컫는다. 전국적으로 983만 명에 달하는 이들은 1990년대 일본의 버블 붕괴를 겪으면서 침체된 경제 속에 아버지 세대의 회사 중심 고도성장의 노동 철학을 거부하고, 아버지 세대와는 달리 문화, 소비 관념도 비교적 자유분방한 것으로 알려져 있다. 단카이 주니어 세대는 아버지의 전후(戰後) 단카이 세대와 젊은 세대 사이에 낀 샌드위치 신세라고 해도 과언이 아니다. 이들은 전후 세대만큼 열심히 일하지도 않았고, 후배 젊은 세대만큼 전문성을 갖추지도 않은 어정쩡한 세대로 경제 침체기(취업 빙하기)의 직장 구조조정 1순위로 꼽히는 세대이다. 단카이 세대가 어느 정도의 부를 축적하였지만 주니어 세대는 그렇지 못한 불우한 세대이다. 일명 잃어버린 세대(lost generation)이다. 요즈음 일본에서는 8050문제라는 말이 있다. 이 말은 80대 단카이 세대 부모가 50대 단카이 주니어 세대 자녀를 걱정하는 것이다. 8050문제는 추후 이 책의 중년 히키코모리 편(제14장)에서 좀 더 상세히 다룰 예정이다.

한국의 베이비붐 세대는 한국전쟁 종전 직후인 1955~1963년 출생자들이다. 한국 베이비붐 세대의 자녀들은 1980~1994년 사이에 출생한 세대로 에코(echo) 세대, 밀레니엄 세대, Y세대 등 다양한 용어로 불리는 일본의 단카이 주니어 세대에 해당된다. 경제 호황기의 부모 세대 덕에 풍요로움 속에서 성장했지만 경제 침체로 취직이 어려워 연애, 결혼, 자녀를 포기해야 하는 3포 세대로 알려져 있다.

니트

원래 니트(NEET: Not in Education or Employment or Training)란 1999년 영국의 경제보고서에 나온 용어로 16~18세 젊은이들 중에서 학교나 직장을 안 다니고, 취업 준비조차 안 하는 사람들을 칭하였다. 일본에서의 니트는 전업주부를 제외하고 학업이나 취업 의사가 없는 15~34세로 연령이 확장되었다. 일할 의사가 있는데도 직업이 없는 실업자와 구분하여 취직 의사가 없는 이들을 '무업자'라 부른다. 하지만 일본에서 말하는 '무업자'는 취직 의사가 없는 사람만을 일컫지 않는다. 말 그대로 일을 하고 있지 않거나 학교 등에 다니지 않는 독신자이며, 그 유형이 다음과 같다.

- 구직형 무업자: 구직을 원하고 활동하고 있는 사람
- 비구직형 무업자: 취업을 원하지만 취업활동을 하고 있지 않은 사람
- 비희망형 무업자: 취업을 희망하지 않는 사람

즉, 무업자 중 비희망형 무업자와 실업자는 구분되어야 한다.

니트와 은톨이는 대개 부모에 기생하며 생활하는 공통점이 있지만, 니트의 경우 반드시 은둔하는 경우는 아니며 관계를 유지하는 경우도 있다.

프리터

1988년에는 일본의 GNP 규모가 2조 8,000억 달러(1인당 2만 3,000달러)에 달해 미국을 제치고 세계의 톱까지 도달했다. 그러자 풍족한 사회가 달성되고 경제적 결핍 동기가 소실된 버블 경제기의 젊은이들은 일을 열심히 하면서 사는 보람을 추구하는

인생관을 택하지 않게 되었다. 그 대표적인 예가 이 시기에 등장했던 '프리터(フリーター)'란 신조어이다. '프리터'란 'free arbeiter(フリーアルバイター)'의 약칭으로, 아르바이트를 직업으로 하는 젊은이를 가리키는 말이다. 그들이 원하는 일자리란 숙련된 기능직이 아니라 돈이 궁할 경우 언제 어디서든지 맘만 먹으면 구할 수 있는 단순 노동직이다. 또 돈이 모이면 하던 일을 관두고 자신이 하고 싶은 일에 전념한다. 즉, 이들에게 직업이란 자기가 하는 일에 보람이나 긍지를 느끼는 것과는 거리가 먼, 단순히 필요한 돈을 얻기 위한 수단에 불과하다는 것이다. 즉, 이들이 원하는 직업은 연봉이나 월급이 아닌 시급 혹은 주급을 받는 아르바이트이다. 이러한 배경에는 직장 취직, 직장 적응, 승진 탈락에 대한 스트레스를 겪느니 차라리 직장 스트레스가 없는 아르바이트를 택하겠다는 풍조가 깔려 있다.

트윅스터

'중간에 낀(betwixt/between, twixt)'과 '사람(-er)'의 합성어로 트윅스터(twixter)란 말이 탄생하였다. 이는 중간에 낀 세대를 뜻하는 말로, 2000년대 미국에서 대학교를 졸업하고 독립할 나이가 되었는데도 직업을 갖지 않거나, 직장을 다녀도 독립적으로 생활하지 않고 부모에게 경제적으로 의존하는 20~30대의 젊은이들을 말하는 신조어이다. 트윅스터 다수는 적절한 수입이 없기 때문에 어른의 기본적인 특성인 결혼과 가정을 꾸리기를 꺼

리기도 한다. 특히 전후 세대 부모들이 자신이 고생한 것을 자식에게 물려주지 않으려고 자녀들을 과보호한 이유도 있다. 이러한 환경에서 성장한 자식들은 어려움이 생기면 부모로부터 보호받기를 원할 뿐 독립적으로 해결할 투지가 부족하기 마련이다. 어느 나라보다도 부모로부터 독립이 당연한 걸로 여겨지는 미국에서 트윅스터란 말이 생겨났다는 것을 볼 때, 부모에 대한 의존은 전 세계에서 공통적으로 나타나는 현상이라고 여겨진다.

캥거루족

성인이 되어 어느 정도 나이가 차고 경제적으로 독립해서 나갈 때가 되었음에도 불구하고, 캥거루 배주머니 속의 새끼 캥거루처럼 부모나 형제의 경제력에만 의지하는 사람들을 지칭하는 말이다. 배우려고도 하지 않고 취업을 아예 시도조차 하지 않고 백수로 지내는 모습이 니트(NEET)족과 유사하다. 한국의 경우 거의 모든 젊은이가 대학을 가고 남자의 경우 군대도 갔다 와야 하므로 취업 준비생들의 평균 연령이 늘어나면서 캥거루족들이 꾸준히 증가세를 보이고 있다. 캥거루족은 한국만의 문제가 아니다. 이들을 지칭하는 명칭만 다를 뿐 고도성장기가 끝나 청년 실업이 심각하며, 주거비가 비싼 선진국에서도 나타나는 공통 현상이다.

파라사이트 싱글

파라사이트(parasite)란 기생충을 의미하며 싱글(single)은 결혼을 안 했다는 뜻이다. 즉, 부모에 기생하며 미혼인 채 사는 사람들이다. 파라사이트 싱글(parasite single)은 일본에서 유행한 신조어로서, 경제적 독립을 이뤄 내지 못하고 결혼 적령기를 지난 20대 중후반, 30대 독신자를 칭한다. 대부분이 일정한 직업이 없거나 일용직, 아르바이트 등에 잠시 종사하며 대부분 결혼을 하지 않은 채 부모의 경제력에 의지하여 산다. 미국의 트윅스터, 한국의 캥거루족, 일본의 파라사이트 싱글과 유사하게 부모에 기생하는 뜻을 가진 유럽의 신조어를 살펴보면 다음과 같다.

프랑스의 탕기(Tanguy)

독립할 나이가 된 28세 아들을 집에서 내보내려는 부모와 계속 얹혀 살려는 아들 사이의 갈등을 코믹하게 그린 프랑스 영화 〈탕기〉의 제목을 그대로 따 탕기라고 부른다. 영화가 나온 시점은 2001년으로, 경제가 나빠진 2010년대 후반 시점부터는 탕기란 용어가 전처럼 부정적으로 비난받지 않고 자연스러운 현상으로 받아들이는 세태가 되었다.

이탈리아의 맘모네(Mammone)

이탈리아에서는 엄마가 해 주는 음식에 집착하는 사람을 일컫는 말로 맘모네라고 부른다. 이들 역시 독립하려는 의지나 집에서 나갈 의지가 없다.

영국의 키퍼스(KIPPERS)

부모의 퇴직 연금을 좀먹는 사람(Kids in Parents' Pockets Eroding Retirement Savings)의 줄임말로 키퍼스라고 부른다.

독일의 네스트호커(Nesthocker)

독립하여 나가지 않고 집에 눌러앉아 둥지를 틀고 있는 사람을 독일에서 지칭하는 말이다.

캐나다의 부메랑 키즈(Boomerang kids)

직장 없이 밖에서 떠돌다 집으로 돌아와 부모에 얹혀서 생활하는 젊은 세대를 캐나다에서 지칭하는 말이다.

코쿤

코쿤(cocoon)이란 누에고치란 뜻하며 코쿤족이란 누에고치 속에서 사는 사람들을 뜻한다. 미국의 마케팅 전문가 페이스 팝콘이 '불확실한 사회에서 단절되어 보호받고 싶은 욕망을 추구하는 공간'이라는 사회적 의미의 뜻으로 처음 코쿤이란 말을 사용하였다. 한국에서 코쿤은 외부 세상으로부터 누에고치로 도피해 자신만의 공간이 주는 안락함을 즐기며, 필요한 에너지를 재충전하고, 첨단의 음향기기, 영상장비를 갖춘 공간에서 성능 좋은 컴퓨터를 통해 세상과 소통하고, 배달시킨 음식을 먹으며 취미 생활을 즐기는 삶의 방식을 의미한다.

오타쿠

특정한 분야에 관심을 갖고 광적(狂的)으로 몰두하는 사람을 마니아(mania)라 한다. 예를 들어, 낚시광, 바둑광, 골프광이라는 마니아 차원을 넘어서 특정 한 분야에 너무 심취해 다른 분야를 소홀히 하거나, 자기만의 세계에 갇혀서 현실 감각을 잃어버리고 가상과 현실을 혼돈하여 문제를 일으키기도 한다. 오타쿠(おたく)는 1983년 일본의 칼럼니스트 나카모리 아키오가 만화 월간지 칼럼에 '오타쿠 연구(おたくの研究)'를 연재하면서부터 대중이 다른 의미로 사용하게 되었다. 원래의 오타쿠 뜻은 상대편이나 집안을 높여 부르는 말이다. 만화, 애니메이션, 게임, 피겨, 코스프레, PC, 비디오 등 서로 관련이 있는 대중문화에 몰두하며 같은 취미를 가진 사람들이 동호회에서 만난 상대방에게 예의를 지키고 존중하는 의미에서 오타쿠라고 부른 데서 유래했다. 초창기에는 오타쿠들이 일본의 게임, 엔터테인먼트에 대한 긍정적인 비판으로 발전에 기여하였고, 거의 모든 서브컬처 분야에 영향력을 미쳐 2차 창작 활동과 오타쿠 관련 소비 시장을 키워 왔다는 긍정적인 측면이 있는 반면에, 관심 영역이 엽기적인 곳으로 잘못 방향을 잡을 경우 끔찍한 범죄를 저지를 수도 있다. 일례로 1989년 여아 4명을 살해한 미야자키라는 범인은 피해자의 사진과 함께 애니메이션과 영화를 포함한 5,763개의 비디오를 소지하고

있었다. 이런 영향으로 '오타쿠'라고 하면 사회부적응자, 엽기 범죄자라는 부정적 의미를 내포하기도 했다. 오타쿠와 히키코모리 모두 외부와 차단된 채 산다는 공통점이 있지만 오타쿠는 자신과 같은 취향을 가진 사람들과는 온라인, 오프라인에서 어울리고 친목을 형성하며 생을 즐긴다는 점이 은톨이와 차이라 하겠다.

퇴각신경증

1960년대 공부는 게을리하고 요샛말로 학업에는 관심이 없고 좀비처럼 무기력하게 지내는 미국 대학생을 'student apathy(학생 무관심)'라 칭하였다. 나고야 대학 가키하라 명예교수가 1970~1980년대에 student apathy라는 용어를 철수, 후퇴한다는 의미의 퇴각신경증(退却神經症)으로 사용하였다. 삼무(三無: 무관심, 무기력, 무쾌락)의 특성을 보이고 삶의 목표 설정이 불확실하고, 예상되는 경쟁과 대인 관계의 갈등상황을 아예 회피해 버려 불안감과 우울감이 없고, 좀 더 나아지려는 자신의 노력 자체를 부정해 버린다. 남학생들에게 흔히 발생하며 공부를 게을리하고 유급을 당하지만 사회에 진출하지 않고 계속 학교에 머무르려 하고 취업 준비보다는 프리터 같이 단기 아르바이트를 하며 지낸다. 때로는 대학 내 동아리 활동에 관심을 가져 어울리려고 해서 외부와 담을 쌓고 혼자 지내는 히키코모리와 구별되지만 일부 일본 정신건강의학과 의사들은 지금도 종종 퇴각신경증이란 용어를 히키코모리와 연관지어 사용한다.

귀차니즘, 귀차니스트

순수 우리말인 아무것도 생각하기 싫고 활동하기 싫다는 의미의 귀찮다에 영어 접미사 이즘(-ism)을 붙여 탄생한 귀차니즘, 귀찮다에 이스트(-ist)를 붙여 모든 것을 귀찮아 하는 사람을 칭하는 귀차니스트라는 말이 있다. 일본인의 퇴각신경증과 유사하게 삼무(무관심, 무기력, 무쾌락) 현상을 보이며 인간 관계에 얽히거나 소속되는 것을 귀찮아 하는 생활 방식의 소유자들이다. 퇴각신경증, 귀차니스트 중의 일부 심각한 사람들은 필자가 보기에는 예비 은톨이(은톨이의 전 단계)라 여겨진다.

혼족, 혼라이프

혼족은 '혼자'의 혼이라는 글자와 공통된 생활 양식을 지닌 사람들이라는 뜻의 족을 합쳐서 만들어진 신조어이다. 혼족이 즐기는 혼밥, 혼술, 혼놀 등의 생활 양식을 혼라이프라고 한다. 혼밥은 한국에서도 인기리에 방영 중인 일본 인기 드라마 〈고독한 미식가〉에서 보듯이 타인의 시선을 의식하지 않고 혼자 밥을 먹는 것을 즐기려고 유명 식당을 찾아다니는 것을 말한다. 혼놀에는 혼자 노래를 부르면서 놀 수 있는 1인 전용 코인 노래방이나 혼자 간식을 먹으며 영화를 보는 혼영 등이 있다. 이전에는 알코올 중독 환자나 하는 행동인 혼술이 현재는 음주 방식의 하나로 자리 잡았다. 최근 한 조사에 따르면 20대의 75%가 혼자 활동하는 것에 대한 거부감이 없다고 대답하였다. 혼족이 반드시 외톨이는 아니다. 대부분은 사람들과 어울리면서 동시에 혼자만의 시간을 갖기 원하기 때문이다.

관태기

관태기란 '관계'와 '권태기'를 합쳐 만들어진 신조어이다. 관태기를 느끼는 청년들은 힘들게 사람들과의 관계를 유지하느니 차라리 혼자 지내는 것이 낫다고 말한다. 또한 새로운 인간 관계의 필요성을 느끼지 못해 새로운 사람을 만나거나 그리 친하지 않은 사람들과의 만남을 의도적으로 피한다. 관태기를 느끼는 사람들이 증가하면서 혼술, 혼밥, 혼놀도 함께 증가하였다. 관태기란 처음 자신이 선택한 외톨이지만 장기간 지속되면 타인들로부터 단절되어 따돌림당할 우려도 있다.

나홀로 가구

통계청에 따르면 1990년까지만 해도 1인 가구가 전체 가구에서 차지하는 비중이 9%에 불과하였지만 2010년도에는 24%에 달했고 2019년 11월 1일 기준 30.2%(614만 8000가구)에 달했다고 한다. 급증의 주체는 혼자만의 공간을 원하는 20대라고 하였다. '혼자 살아도 이렇게 잘 살 수 있다'는 것을 잘 보여 주는 인기 프로그램 〈나 혼자 산다〉, 〈혼술 남녀〉, 〈미운 우리 새끼〉, 〈혼족 어플〉 등은 유명 연예인들의 소소한 혼족 일상 이야기를 그려 내며 공감을 느끼는 대중에게 인기를 끌고 있다. 드라마에서 '1인 가구'를 소재로 이야기를 풀어 나가는 방식의 밑바탕에는 외로움, 고독, 측은함 등이 깔려 있다. 하지만 일명 '왕따'나 '아웃사이더'처럼 혼자 사는 것에 대한 과거의 부정적인 인식이 점차 '자유로운' '합리적인' 선택으로 바뀌어 가며 이미 하나의 사회 · 문화로 자리매김하고 있다.

욜로족

1995년 이후 탄생한 Z세대는 장기화된 경기 침체 때문에 생긴 취업난, 실직, 집값 상승 등 미래에 대한 불안감으로 인해 현재의 삶에 집중할 수밖에 없게 된 세대이다. 기성세대가 갖는 젊었을 때의 노력이나 희생은 미래에 반드시 더 큰 보상을 받는다는 확신이 없는 세대이다. 욜로(YOLO)는 'You Only Live Once'라는 말로 '인생은 한 번뿐이기에 현재를 충분히 즐겨야 한다'는 뜻을 담고 있다. 이들의 가치는 기성세대가 갖고 있는 미래에 대한 준비나 가족이나 자식을 위한 희생 대신 현재 자신이 즐길 수 있는 취미 생활, 자기 개발을 최우선으로 여긴다. 욜로족에게는 한 달 월급을 취미 생활에 몽땅 쏟아붓거나, 집을 사고자 저축하는 대신 세계 여행을 택하는 것도 놀라운 일이 아니다. 문제는 결혼이나 출산을 할 가능성이 적어 장차 은톨이가 될 가능성이 높다는 것이다.

N포 세대

2015년 어려운 사회경제 상황에서 취업 시장의 신조어는 포기한 것이 너무 많다는 의미의 N포 세대이다. 1980~1994년 출생, Y세대, 혹은 베이비붐 세대의 자녀 세대라는 뜻의 에코 세대가 취업이 어려워 3포 세대(연애, 결혼, 자녀 포기)는 말이 대두되었다 여기에 더하여 5포 세대(3포 세대+내 집, 인간관계 포기), 7포 세대(5포 세대+꿈, 희망 포기)가 등장하였다.

6

은톨이가 주인공인 가상 드라마, 영화, 애니메이션

가상 드라마, 영화, 애니메이션은 시대를 앞서간다. 현실에서는 소소한 남의 일 정도로 생각되지만, 미래에는 우리 모두가 감당해야 할 엄청난 일로 바뀔 가능성이 있는 사회 현상들을 미리 예측하여 생생하게 우리 눈앞에 보여 주는 역할을 한다. 우리 사회에서도 2008년 히키코모리를 주제로 한 봉준호 감독의 단편 영화 〈흔들리는 도쿄〉가 제작된 이래 여러 영상 작품에서 은톨이가 등장하게 되었다는 사실은 우리도 은톨이에 대한 관심이 커지고 있음을 증명하는 것이라 하겠다. 다음 다섯 편의 작품을 살펴보면 인간 관계를 거부하고 피한 채 살아가는 은톨이도 인간에 대한 그리움이 절실한바, 이를 누군가가 터뜨려 주길 간절히 원하고 있음을 알 수 있다.

단편영화 <흔들리는 도쿄> (봉준호 감독 2008년 단편작)

햇빛, 사람의 땀 냄새, 사람과 스치는 것조차 싫어 11년째 아버지가 부쳐 준 돈으로 택배 물품에 의존해 사는 남자가 있다. 배달된 피자 박스가 한 치의 오차도 없이 가지런히 가득 쌓인 방에서 밖으로 나가지 않고 생활하는 히키코모리 남자는 어느 날 피자 배달원으로 온 여자에게 현관문을 열어 주는 순간, 배달원의 특이한 복장에 11년 만에 사람 눈을 마주치고 당황한다. 때마침 그 순간 도쿄에는 지진이 일어나고 여자는 의식을 상실한 채 쓰러진다. 남자는 여자를 살리고자 별별 방법을 다 써 보다 여자 몸에 새겨진 문신 COMA 버튼을 눌러 살려 낸다. 여자는 가지런히 쌓인 피자 박스 1개가 뒤집어졌다는 말을 남기고 사라진다. 남자는 다음 날 다른 남자 배달원으로부터 여자 배달원이 집 밖으로 다시는 안 나온다며 배달 일을 관두었다는 정보와 여자 배달원의 집 주소를 듣게 된다. 남자는 여자를 만나고자 11년 만에 바깥 세상으로 나오는 어려운 결심을 하게 된다. 바깥 세상은 남자가 전혀 경험하지 못한 세상이다. 로봇이 피자를 배달하고 거리에는 사람들이 다니지 않고 모두 히키코모리가 되어 집에 박혀 있다. 갑자기 지진이 일어나자 집에 있던 사람들이 텅 빈 거리로 쏟아져 나오고 그 틈에 여자를 만나게 되지만 여자 역시 히키코모리로 남자와의 접촉을 격렬히 거부하다가 여자의 몸에 새겨진 LOVE 버튼을 누르자 두 사람 모두 눈이 마주치며 교감이 이루어진다는 줄거리이다.

2041년 KBS1 <지식콘서트 내일>

2041년에 벌어지는 일을 다룬 KBS 방영 가상 드라마이다. 줄거리는 다음과 같다. 사망신고로 출동한 의사, 오늘 벌써 세 번째라며 불평을 하는 경찰관은 방문 앞에 써 놓은 쪽지를 읽는다. 쪽지에는 "노크는 2번, 물건은 방문 앞에"라고 쓰여 있다. 방 안에서 인기척이 들려 열쇠수리공을 불러 강제로 문을 열고 들어간 순간, 피자 박스가 가득한 방에 부모의 연금으로 살아가는 한 남자가 있다. 부모가 사망한 사실도 모르는 이 남자에게 ID 카드를 달라고 하자 주민등록증이 아닌 고교 학생증을 내미는 것이었다. 2041년 경찰관에게는 이러한 상황이 일상화된 듯 기계적으로 즉각적인 조치를 취한다. 이름 이X수, 부모 사망, 은둔 30년 차. 외톨이 특구 13구역 수용소로 이 남자는 보내지기로 결정된다.

영화 <김씨 표류기>

이해준 감독, 정재영, 정려원 주연의 영화이다. 김씨(정재영 역)는 회사가 파산한 뒤 구조조정을 당하는 바람에 많은 빚을 지게 된다. 자살하기 위해 한강으로 투신하나 실패하고, 밤섬에 불시착하게 된다. 그는 조난자가 된 것이다. 그의 구조 요청은 사람들로부터 장난으로 받아들여지고, 결국 휴대폰의 배터리도 다하게 된다. 물에 대한 공포로 수영으로 탈출하기에는 너무 힘든 상태였다. 이에 그는 모래사장에 "HELP"라고 쓴다. 그는 대부분이 식물로 둘러싸인 섬에서 버려진 오리 모양의 보트를 발견하고, 그 보트를 집으로 삼아 밤섬에서 생활하기 시작한다. 비록 밤섬에서의 생활이 쉽지는 않았지만, 그는 도시에서 느끼던 고통과 빚으로부터의 자유를 느끼며 일상을 즐기게 된다.

그의 표류 생활은 김양(정려원 역)에게 발견된다. 김양은 괴롭힘을 당해 3년째 은톨이로 방에서만 지내고 있다. 매일 카메라 망원경으로 바깥 세상을 관찰하며, 싸이월드에 남의 예쁜 사진을 올려놓으며 사람들의 관심을 받는 일종의 관종이다. 그녀는 처음 "HELP"라는 메시지를 보고 외계인의 메시지라 생각하며, 하루하루 그의 표류 생활을 관찰한다. 그리고 어느 날 밤 김양은 은톨이로서는 엄청난 용기를 내어 방에서 탈출하여 "HELLO"라는 메시지를 적은 편지를 와인 병에 넣어 밤섬에 던지고 집으로 돌아온다. 3개월 후, 김씨는 섬을 돌아다니다 와인 병 속 메시지를 발견하고 "FINE THANK YOU"라는 답을 모래사장에 나무 막대로 적는다. 김양은 점차 인적이 없는 밤에 몰래 아파트에서 나와 밤섬에 와인 병을 던지는 과감한 행동을 보이며 두 사람 사이에 대화가 이어진다. 김씨는 짜장라면 봉지 속 짜장 스프 분말을 발견한 후 삶의 목표를 직접 밭을 경작하여 면을 만들어 짜장 스프를 곁들인 짜장면을 만드는 것으로 정하고 이에 매진한다. 그러한 모습을 망원경으로 관찰하던 김양은 그를 위해 짜장면을 밤섬으로 배달시키지만 김씨는 자신의 삶의 목표가 사라질 것이 두려워 배달 온 짜장면을 돌려보낸다. 김양은 김씨의 뜻을 헤아리지 못한 것에 대해 사과의 메시지를 보내고 김씨는 결국 짜장면을 만들어 삶의 목표를 달성하고 기뻐하게 된다.

그러나 얼마 후 김양은 미니홈피에서 자신이 위장하던 정체가 발각되어 신상이 털리고, 악성 댓글들에 시달리자 두려움과 절망감에 빠져들면서 은톨이 증상이 심해져 김씨와의 소통을 못하게 된다. 이를 모르는 김씨는 소식을 끊어 버린 김양을 원망하고 지내던 중 태풍으로 인해 그동안 이룩한 모든 것을 잃게 되고, 결국 밤섬에 놓인 쓰레기를 청소하기 위해 파견된 공무원들에 의해 발견되어 강제로 밤섬에서 추방당하게 된다. 이 광경을 카메라 망원렌즈로 본 김양은 은톨이로서는 상상할 수 없는 행동을 한다. 대낮에 집을 뛰쳐나와 김씨를 만나기 위해 거리를 달리며 급기야 버스에 올라타 63빌딩으로 자살하러 가는 김씨를 만나 서로의 이름을 알려 주는 과감한 행동으로 영화는 막을 내린다.

일본 애니메이션 <NHK에 어서오세요>

주인공 사토 타츠히로는 대학교 1학년 등굣길에 세상 사람들이 자신에게 욕을 하는 환청이 들려 집으로 귀가한 뒤 3년째 밖에 나가지 않는 히키코모리이다. 그는 주변에서 벌어지는 모든 것이 음모라 여긴다. 그는 NHK가 재미있는 애니메이션을 만들어 NEET, 오타쿠, 대인기피증, 히키코모리를 다량으로 만드는 거대한 음모가 있다는 것을 알아냈다고 주장한다. 또한 NHK를 자기 나름대로 Nihon Hikikomori Kyokai(일본 히키코모리 협회)로 명명한다. 어느 날 현관문 노크 소리에 문을 열었다가 선교인들과 마주치게 된다. 그중 한 소녀와 눈이 마주치게 되는데 그 소녀는 주인공에게 오늘 밤 공원에서 만나 폐인탈출 프로젝트에 사인을 하고 치료를 시작하자는 제안을 한다. 물론 그에게는 밖에 나갈 수 있는 용기가 없다. 하지만 한밤중에 혼자 공원에 남아 있던 소녀가 치한들에게 폭행을 당하는 환상에 시달리는 주인공은 결국 고민하다 용기를 내어 소녀를 만나러 간다. 결국 폐인탈출기 계약서에 사인을 하고 치료를 시작하게 된다는 애니메이션이다.

단편영화 <기동전사 행진곡>

류준열 주연의 단편영화로 서경대 영화영상학과 2학년 2학기

영화제작 워크숍 작품이다. 줄거리는 다음과 같다.

청소년기에 또래들로부터 괴롭힘을 당해 원룸에서 홀로 은둔이 생활을 하는 현동(류준열 역)에게 프라모델 택배가 온다. 택배원은 문 앞에서 수 미터 떨어진 복도에 성의 없게 물건을 던진 채 사라진다. 복도에 남겨진 택배물품을 얻고자 현동은 집 밖 수 미터까지 도전하는 용기를 내어 겨우 물건을 회수하지만 그 사이 현관문은 자동으로 닫혀 버린다. 신발도 벗은 채 밖에 나와 본 적이 없어 비밀번호를 모르는 현동은 결국 열쇠수리공을 찾아갈 수밖에 없다. 외출해 본 경험이 아득한 현동은 사람들과 눈 접촉, 의사표현을 못하여 곤욕을 치르게 된다. 신발을 주겠다는 아파트 경비원의 친절에 황급히 도망가고, 과거의 자신처럼 동네 아이들로부터 괴롭힘을 당한 아이의 부서진 로봇을 수리해 주며, 여고생으로부터 도둑으로 몰려도 눈 접촉을 피한 채 말도 못한다. 결국 열쇠수리공을 만나서 오토바이 뒤에 타고 신나게 집으로 오는, 은톨이의 몇 년 만의 황홀한 외출 경험을 그린 단편영화이다.

Part
2
은둔형 외톨이의 실체

7

은톨이에 대한 진실과 오해

일본의 히키코모리가 우리 사회에도 존재하느냐는 의문은 우리 사회에도 은톨이로 고통받는 사람이 많기 때문에 더 이상 논쟁거리가 아니다. 하지만 은톨이에 대한 궁금증은 여전히 존재한다. 가장 흔한 궁금증 일곱 가지에 대해 간략한 답변으로 풀어보려 한다. 좀 더 자세한 궁금증에 대한 답변은 이 책의 해당 파트에서 부연 설명할 것이다.

은톨이는 일본, 한국만의 특이한 사회 현상인가

처음에 일본 학자들은 히키코모리를 의존성(甘え), 부끄러움(はじ)을 중시하는 일본인들에게만 존재하는 특유의 사회 · 문화 현상으로 보았다. 마치 과거 한국의 중년 여자들이 유교적 전통 아래 분노를 표현하지 못하고 억누르며 지내서 생긴 한(恨)이 신체

여기저기 돌아다니며 아픈 '화병'으로 표현되듯이 일본에만 존재하는 독특한 사회 · 문화 현상으로 보았다. 그러나 점차 한국을 비롯하여 문화권이 전혀 다른 영국, 독일, 스페인, 이탈리아 등의 유럽 국가와 미국, 캐나다 등에는 범세계적으로 명칭은 다르지만 타인과 교류 없이 부모 집에 박혀 지내는 젊은 집단이 존재한다는 것이 드러났다. 은톨이를 유발하는 경제 불황, IT산업의 발달, 개인주의화, 4차 산업혁명의 도래는 전 세계적 현상이기 때문이다.

은톨이는 정신 질환자인가

은톨이, 히키코모리라는 진단명은 국제질병분류(ICD), 미국정신질환분류체계(DSM)에 없다. 두통, 복통과 같이 단지 증상이나 현상을 설명한 것일 뿐이다. 두통, 복통의 원인이 되는 진단명은 암에서부터 신경성 통증까지 다양하다. 은톨이들이 겪고 있는 정신적 문제는 성격 문제, 현실 부적응 문제, 가벼운 우울증 불안증부터 강박증, 비현실적 망상에 이르기까지 사람에 따라 매우 다양하다. 또한 정신적 문제로 인해 은톨이가 되는 경우도 있고 반대로 은톨이 생활을 오래 하다 보니 정신적 문제가 발생하기도 한다. 어떤 경우에는 정신적 문제가 은톨이의 원인인지 결과인지 구분이 어려운 경우도 있다. 따라서 은톨이 모두가 정신 질환자이고 정신건강의학과 약물을 반드시 복용해야 하는 것은 아니다. 하지만 분명한 것은 암의 경우 조기 발견, 조기 치료가 중요하듯이 은톨이 중 일부는 정신적 문제를 빨리 평가받고 이에 따른 약물 투여를 포함하여 적절한 의학적 조치가 반드시 이루어져야 한다.

은톨이는 하루 종일 게임만 하는 게임중독자인가

우리나라의 경우 인터넷 게임에 빠져 밤을 새우고 지각, 부등교를 자주 하다 결국 자퇴하고 집에서 게임만 하는 청소년들이 큰 사회 문제가 되고 있다. 그렇다고 은톨이 모두가 게임중독자는 아니다. 방에만 박혀 있는 은톨이들에게 인터넷은 세상과 소통하는 유일한 창구이자 좁은 공간에서 나름 시간을 보낼 수 있는 유일한 도구이기 때문에 다양한 인터넷 활동을 한다. '만약 은톨이를 강제로 방 밖으로 나오게 하기 위해 수도, 가스, 전기 중 어느 것을 끊는 것을 당사자들이 제일 두려워할까?"라는 질문의 답은 전기이다. 전기가 끊기면 인터넷이 끊기기 때문이다. 은톨이들은 인터넷 게임 이외에 감상(영화, 공연, 스포츠, 관심 사이트), 제작(유튜브, 블로그, 브이로그), SNS 활동 등을 하루 종일 한다. 컴퓨터나 스마트폰을 통해 뭔가 왕성한 활동을 하는 것은 무기력증에 빠져 아무 일도 안 하고 잠만 자거나 술에 취해 있는 것보다는 훨씬 나은 상태인 것이다. 은톨이 치료 측면에서도 컴퓨터나 스마트폰을 이용한 비대면 치료의 중요성이 강조되고 있다.

은톨이는 부모가 자녀의 요구를 무조건 받아 주고 약하게 키운 결과인가

화난 아이가 문을 잠그고 자기의 요구조건을 들어줄 때까지 생떼를 부리는 정도로 은톨이를 단순하게 생각할 문제는 아니다. 부모의 과잉보호, 과잉통제, 과잉간섭뿐 아니라 정반대의 방임, 학대 등 은톨이마다 서로 각기 다른 어린 시절 부모의 양육 태도가 관여하기 때문이다. 또한 부모의 양육 태도뿐 아니라 은톨이 탄생에 관여하는 요소는 당사자의 타고난 성격, 학교나 직장으로 대표되는 단체 생활 경험, 나아가 전반적인 사회적 분위기가 관여하므로 특정인이나 특정 사건 하나 때문에 은톨이가 되었다고 생각할 문제는 아니다.

시간이 지나면 저절로 좋아지는가

중 · 고등학교 부등교로 시작된 은톨이들이 점차 나이가 들어가며 어떻게 될지에 대한 정확한 추적 연구는 현재 알려진 게 거의 없다. 즉, 어떤 사람이 은톨이 생활에서 자연히 빠져나오고, 어떤 경우 은톨이 생활에서 빠져나왔다가 다시 들어가는 반복을 보이며, 어떤 경우 지속적으로 은톨이 생활을 하는지 각각의 빈도와 요인을 파악하기 어렵다. 확실한 것은 2018년 일본 내각부 조사에 따르면 20대에 은둔하기 시작한 히키코모리가 세월이 지나 중노년층(40~64세)에서도 나타나 전체 히키코모리의 50% 이상을 차지한다고 한다. 일본 사회에서는 80대 노부모가 50대 히키코모리를 걱정하는 8050문제가 새로운 이슈로 떠오르고 있다.

은톨이 치료의 목표는 밖으로 끌어내는 것인가

공포증 치료엔 극단적인 두 가지 행동요법이 있다. 첫 번째 방법은 대인공포와 집 밖으로 나가는 것에 대한 공포가 큰 은톨이의 경우 가장 공포가 낮은 단계부터 높은 단계를 설정하여 점진적으로 노출시키는 체계적 둔감 요법(systematic desensitization)이다. 예를 들면, 인적이 드문 밤에 편의점을 가는 낮은 단계부터 시작하여 여러 사람 앞에서 발표를 하는 높은 단계로 서서히 강도를 높여 노출시키는 것이다. 두 번째 방법은 홍수 요법(flooding)이다. 은톨이를 강제로 끌어내어 병원, 캠프, 기숙 시설에 수용하는 충격 요법이다. 중국의 경우 인터넷 중독자나 은톨이를 군사훈련캠프에 입소시키고, 일본의 경우 히키코모리 기숙 치료에 강제 참여시키는 방법이다. 자발적으로 공동 생활에 참여토록 점진적으로 유도하는 것이 최선의 방법이지만, 상황이 위급하고 모든 방법이 통하지 않을 때는 강제 조치를 마지막 방법으로 택할 수밖에 없는 경우도 있다. 이때 유의하여야 할 점은 가급적 입소 과정 중에 제2의 정신적 충격을 주어서는 안 된다는 것이며 단지 밖으로 끌어내는 것이 목표가 아니라 치료의 시작임을 명심해야 한다는 것이다. 무리하게 사회 구성원이 되기를 강요하는 것은 근본적 문제 해결이 될 수 없다. 일단 사회에 나오더라도 자신이 뒤처져 있다고 생각하면 다시 돌아갈 수 있기 때문에 세상에는 나와 함께하는 동반자이자 친구들이 존재한다는 믿음을 쌓아 가게끔 하는 사회적이고 지속적인 관심과 지원이 필요하다.

은톨이는 주변을 위협하는 사이코패스, 폭력적 범죄자인가

은톨이의 폭력성은 자신의 쾌감이나 이익을 얻고자 계획적으로 타인을 공격하는 사이코패스, 폭력적 범죄자의 이기적 폭력이라기보다는 자신의 요구가 거절당했다거나, 무시당하였거나, 비난받거나, 감당하기 어려운 일을 요구받았을 때 가족, 주변인들에게 국한된 한정적이고 비계획적이며 방어적인 폭력이다. 실제 은톨이들을 접해 보면 눈도 잘 못 마주치고 자기주장을 제대로 못하는 약자 중의 약자이다. 문제는 가정 내 폭력, 특히 부모를 향한 폭력이 가장 큰 문제인데 폭력의 허용 범위를 정해 놓고 선을 넘을 경우 부모상담을 통한 강력한 대처가 요구된다. 일본이나 우리나라나 묻지마폭행, 거리폭행이라 불리는 불특정인에 대한 폭행 사건이 터지면 가해자들이 혼자 고립되어 지냈다는 사실 하나만으로 은톨이와 연관지어 설명하는 기사들을 종종 보게 된다. 우선, 가해자에 대해 살펴볼 것은 폭력을 즐기는 사이코패스, 피해망상과 관계망상이 동반된 조현병 환자, 약물이나 알코올 중독자인지 여부이며, 거리를 자유롭게 활보하기 힘든 은톨이는 아니다. 2006년 필자가 중심이 된 41명의 은둔형 외톨이 사례 분석에 의하면 12명이 집 안에서 가족을 상대로 공격적 행동을 하였으나 이웃을 향해 공격적 행동을 하는 경우는 한 번도 없었다.

8

사람들이 은둔하려는 이유와 은톨이의 은둔심리

은둔(隱遁)이란 '세상을 피하여 숨는다'는 뜻으로 은둔 자체를 부정적으로 볼 필요는 없다. 바람직한 긍정적 이미지의 은둔은 지친 심신을 쉬고 에너지를 충전하여 보다 큰일을 하기 위해서일 수도 있고, 남의 눈에 띄지 않게 뭔가를 비밀스럽고 조용히 진행하기 위해서일 수도 있고, 남의 눈치나 체면을 따질 필요 없이 자연으로 돌아가 자유로운 생활을 위해서일 수도 있다. 유명한 사상가, 예술가, 발명가들의 경우 내향기 혹은 은둔기라 칭하는 때에 위대한 학설의 정립이나 창작 활동을 이루었던 예는 매우 많다. 상대적으로 부정적 이미지의 은둔은 사

람들과 접촉하는 것에 대한 두려움과 자신감 상실 때문일 수도 있고, 타인의 눈을 피하려는 도피일 수도 있으며, 세상을 볼 면목이 없는 수치심 혹은 창피함일 수도 있다. 또 세상이 꼴 보기 싫어서, 즉 사람들에 대한 실망, 배신감에 의한 분노일 수 있고, 남의 눈치를 안 보며 내 맘대로 살려는 심리 때문일 수도 있다. 은톨이들의 은둔 심리는 어떤지 브이로그를 통해 표현된 그들의 은둔 심리를 살펴보면 다음과 같다.

"사람들을 만나고 접촉할수록 열등감에 빠져든다. 다른 사람들이 나라는 사람의 실체를 알면 싫어할 것이다. 혼자 지내는 게 낫다."

"표면적으로는 남들의 평가로부터 숨는 것이지만 본질적으로는 내 자신으로부터 숨는 것이다."

"혼자 방 안에서 컴퓨터를 하든 게임을 하든 영화를 보든 실제의 나 자신이 느껴지지 않아 편안하다."

"내가 하고 싶어서 공부를 한 것도 아니고, 내가 좋아서 성실히 산 것도 아니다. 부모님의 기대, 주변 시선 때문이다. 어느 순간 이런 것들이 부질없다고 생각된다. 그냥 내 방식대로 살고 싶다."

"우울, 열등감에 빠져 살 자신이 없게 되면 결국 방에 틀어박힌다. 세상으로부터 나를 안전하게 보호하기 위해서."

한편, 필자팀이 2006년 32명의 은톨이를 대상으로 집에 은둔하는 이유에 대해 질문한 결과, 14명이 답한 '많은 사람을 상대하는 것이 부담스러워서'라는 이유가 가장 컸고, '간섭받기 싫어서'가 12명, '원래 성격이 비사교적이고 내성적이어서'가 12명 순이었다([그림 4] 참조). 비록 은둔 이유에 관한 간단한 질문이었지만, 은톨이가 되는 가장 핵심적인 원인은 사회불안장애, 회피성 성격장애라고 추정케 하는 답변이었다.

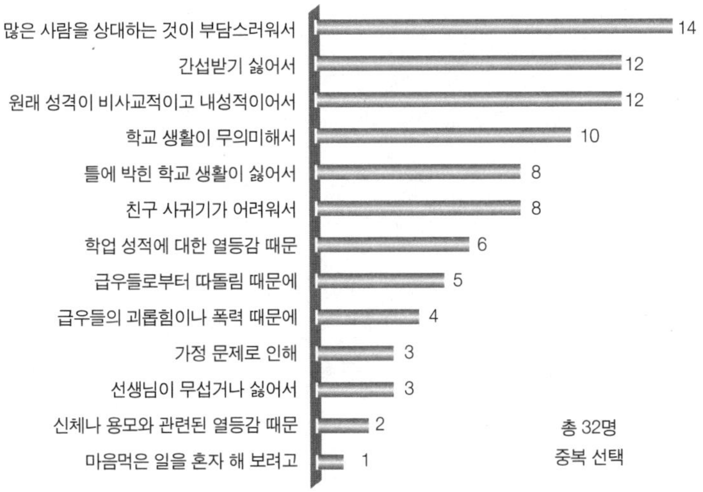

[그림 4] 은둔형 외톨이들이 혼자 집에서 지내는 이유
(국가청소년위원회 연구보고서, 2007년)

9

장기간 은둔의 신체적 · 정신적 · 기능적 문제점

은둔의 목적에 따라 긍정적이거나 부정적일 수 있지만 어쨌든 장기간의 은둔은 다음과 같은 신체, 정신, 기능에 심각한 문제를 일으키므로 유념해야 한다. 매일 똑같은 일상이 반복되므로 날짜, 계절, 시간, 개념이 없어지고 몸과 마음이 점차 피폐화되면 자기가 왜 이런 지경이 되었는지, 이 상황을 벗어나려면 어떻게 해야 되는지조차 모르는 늪에 점점 빠져들게 되어 누군가의 도움 없이는 수렁에서 빠져나오지 못할 지경에 이른다. 은톨이 당사자들과 그들의 부모를 통해 얻은 2006년 필자팀의 조사, 2019년 삼성서울병원 홍진표팀의 조사, 2020년 학교밖청소년연구소 윤철경팀의 자료를 신체적 · 정신적 · 기능적 측면으로 나누어 정리하면 다음과 같다.

신체 건강 문제

외출 없이 커튼으로 햇빛이 차단된 실내에서의 장기간 생활은 비타민 D 부족을 필히 일으킨다. 침대에서 누웠다 일어났다 방 안에서만 하루 종일 있는 경우 운동 부족으로 인한 근육, 뼈, 치아의 약화 현상이 나타나고, 고정된 한 자세로 장기간 컴퓨터 앞에 있는 경우, 목 디스크, 무릎 및 어깨 관절염이 자주 발생한다. 장기간 모니터 시청은 시력 및 청력 장애를 초래할 수 있다.

또한 탄수화물 위주의 간편한 고칼로리 인스턴트 식품은 영양 불균형과 비만, 고지혈증, 당뇨와 같은 성인형 대사장애를 초래한다. 반대로 끼니를 거르는 불규칙한 식사는 영양실조에 가까운 마른 체형을 만든다. 이 경우 면역력이 떨어져 각종 질병에 취약해지고 청소년의 경우 성장 발육 저해가 우려된다.

대부분의 은톨이는 남들이 활동하는 낮에는 자고 밤에 활동하는 주침야활(晝寢夜活) 생활을 한다. 사람에 따라서는 며칠간 안 자다가 며칠간 자기도 한다. 시간이나 계절 감각이 없어지며 수면장애, 생체리듬장애, 신체성장장애를 일으킨다.

방 정리도 하지 않은 쓰레기통 같은 방에서 샤워, 양치 같은 개인위생 관리도 엉망인 채 잘 씻지 않고 머리나 수염을 계속 기른다. 정기 신체검사나 병원 방문도 거부한 채 지병을 키워 건강이 극도로 악화된 상태에서야 비로소 응급실로 실려 가기도 한다. 특히 음주나 흡연 문제가 동반된 경우 여러 합병증이 우려된다.

정신 건강 문제

은둔 초기의 안도감과 편안함은 시간이 갈수록 무력감, 우울감, 불안, 초조감, 절망감으로 바뀌기 시작한다. 참고로 필자팀이 2006년 32명의 은톨이를 대상으로 혼자 집에 있을 때의 느낌에 대해 질의한 바에 의하면 '즐겁고 편안했다'가 16명, '별 느낌이 없었다' 15명, '무기력했다' 13명, '외롭고 고독했다' 10명 순이었다([그림 5] 참조). 평소 부지런하고 의욕적이며 활동적인 성격인 사람이 자신은 아무것도 할 줄 모르고, 세상 사람들과 부딪혀 헤쳐 나갈 용기가 없다는 무기력증에 빠져든다. 필자팀과 2019년 삼성병원연구팀이 조사한 바에 의하면 은톨이는 은둔하지 않는 사람들에 비해 불안 및 우울 지수가 월등히 높았다. 특히 2020년 27명의 은톨이 부모를 대상으로 한 윤철경팀의 설문조사에 따르면 자녀의 가장 걱정되는 질환이 우울증으로 신체질환을 앞섰다. 또한 127명의 은톨이 당사자 중 43%가 가장 큰 은둔의 이유로 우울증을 꼽았으며, 가장 필요로 하는 도움 역시 '내 마음 상태에 대한 진단과 치료'였다.

남보다 못하다는 열등감, 자존감 저하는 지난날에 대한 후회, 내 탓이라는 자책감, 가족이나 주변 사람들에 대한 미안함을 유발한다. 심한 경우 나같이 쓸모없는 사람은 주변 사람들에게 부담만 줄 뿐 이 세상에서 사라져야 한다는 자살 사고나 자기징벌적 자해를 유발한다. 2019년 삼성서울병원 연구에 따르면 정상군에 비해 자살 사고가 약 4배, 자살 계획이 15배, 자살 시도가

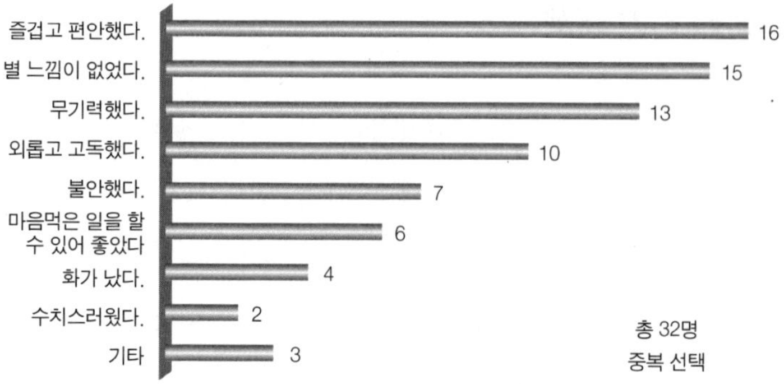

[그림 5] 집에서 혼자 지내는 기분
(국가청소년위원회 연구보고서, 2006년)

약 10배가량 높다고 하였다. 2020년 일본에서 히키코모리를 지원하는 1,022개 단체에 질의한 결과, 2019년 히키코모리 사망자는 72명이었다. 사망자의 70%가 40~64세였으며, 그중에 30%가 자살하였고, 70%가 주변의 도움을 거부하였다고 하였다.

온순하고 긍정적인 성격의 자녀가 때로는 은둔 기간이 길어지면 점차 자제력을 잃고, 매사에 부정적이고, 분노에 차서 공격적 · 충동적 성격으로 바뀌게 된다. 자신이 이렇게 된 건 자신의 탓이 아니라 부모나 주변 탓이라고 분노한다. 통신비가 너무 많이 나왔으니 게임을 줄이라거나 음악 소리가 너무 크니 볼륨을 줄여 달라는 부모의 지시나, 인스턴트 식품을 줄이라는 조언에 부모와는 말이 안 통한다며 저항을 보이거나 심지어 욕설과 공격적 행동을 보이기도 한다. 2006년 필자팀이 분석한 41명의 은톨이 부모 보고에 따르면 18명이 가족과 대화하지 않은 채 방에

서만 지내며, 12명은 부모에게 욕설과 공격적 행동을 한다고 하였다. 집안에서는 누구도 건들지 못하는 존재가 되는 것이다.

가장 우려되는 것은 은톨이가 된 이유를 온전히 남의 탓으로 돌리고 자신은 그로 인한 피해자라는 피해사고에 빠지는 것이다. 부모를 비롯하여 교사, 또래, 친척, 이웃 등 자신이 경험한 사람들을 가해자로 보는 것이다. 더 나아가, 교육제도, 사회제도, 국가정책에 비판적이고 부정적이며 현재도 자신은 피해를 입고 있다고 여기는 것이다. 외부와 차단된 은둔 기간이 길어질수록 현실감과 동떨어진 피해망상이 생길까 봐 우려된다. 부모 보고에 의하면 필자팀 연구 대상자 41명 중 8명이 간혹 현실에서 벗어나 엉뚱한 말을 한다고 하였다.

대부분의 은톨이는 이러지도 저러지도 못하는 상태에서 시간만 흘려보낸다. 자신의 고통을 아무도 이해하지 못한다고 외부와 차단하려고 하나 실제로는 외로움에 누군가와 소통을 원하며, 주변 사람의 동정을 살피고 세상에 나가고자 하나 적절한 방법을 몰라 망설이는 양가적인 감정 상태를 보인다.

사회적 적응, 역할 문제

오랜만의 혼자 외출 시 평소 익숙한 환경도 뭔가 이상해 하고 어색하며, 혹시 사람들이 자신의 옷차림, 행동, 말을 이상하게 보지는 않을까 긴장한다. 타인과의 눈 접촉을 피하게 되고, 물건 구입이나 음식 주문을 위해 하게 되는 아주 간단한 종업원과의 대화도 머뭇거리게 된다. 당황할 경우 빨리 안전한 집으로 돌아가고 싶은 생각만 들게 된다.

은둔 기간이 장기화될수록 현실감이 떨어져 점점 더 눈치가 없어지게 된다. 즉, 밖의 세상이 어떻게 돌아가는지 감이 안 서고 오랜만에 외출하여 지인들과 접촉하면 상대방의 감정이나 생각, 말의 숨은 의미를 파악하기 어렵다. 타인으로부터의 소외감, 의사 소통의 어려움, 감정 공감이 안 됨을 느끼면 점점 더 사람들과의 접촉을 피하게 되는 악순환을 겪게 된다.

은둔 기간이 장기화될수록 점점 더 현실과 동떨어진 자기만의 자폐적인 세계로 숨어들게 된다. 때로는 자기 자신을 엉뚱할 정도로 높이 평가하여 어느 날 갑자기 짠 하고 유명 연예인이나 작가 혹은 희대의 발명가로 화려하게 사회에 등장하는, 현실과 동떨어진 자기만의 꿈을 꾸기도 한다. 세상 밖으로 나오라는 주변인의 말에 대해선 "조금만 기다려라."라는 말만 되풀이한다.

청소년 은둔은 등교 거부, 자퇴로 이어진다. 아동기 때는 세상을 가르쳐 주는 선생님이 당연히 부모이지만, 청소년기에 이르면 세상을 가르쳐 주는 선생님에 친구가 추가된다. 부모의 역할이 부족한 청소년의 경우에는 더욱이 또래친구에 의해 인생이 결정되는 경우도 있다. 청소년들은 또래 관계를 통해 내가 커서 무슨 직업을 택하고, 어떤 인생의 목표를 갖고, 무엇을 위해 어떻게 살 것인가, 즉 자아정체감을 형성하고, 부모로부터 자율성과 독립성을 확립하며, 타인과의 친밀감을 형성하는 기술을 터득해 나간다. 청소년기의 가장 큰 발달과제는 또래와의 소통을 통해 남들이 생각하는 관점이 나와 다를 수 있다는 점을 알아차리고, 자신의 생각을 교정하여 보다 다양하고 확장된 관점을 얻게 되는 소위 인지 발달이다. 또한 또래와 함께하는 학교라는 단체생활 적응을 통해 친구 사귀는 방법, 타인의 기분을 알아차리고 적절하게 반응을 보이는 방법, 자신의 의견을 주장하고 상대방을 설득하는 방법, 나의 감정을 통제하는 방법을 터득해 가는, 소위 사회성 발달, 감정 발달이다. 청소년이 등교를 거부하고 은둔할 경우 또래를 통한 인지 · 사회성 · 감정 발달의 결정적 시기(critical period)의 기회를 놓친 채 몸만 어른으로 성장하는 것이다.

취직을 못한 젊은이들, 직장 부적응자, 직장 폐쇄로 인한 퇴출자 모두 은둔 기간이 길어질수록 재취업의 가능성은 떨어지며 하층으로 추락하게 된다. 하루가 무섭게 변하는 IT 사회의 단체생활에 적응하기란 쉽지가 않다.

10

같은 듯 다른 한국과 일본의 사회 · 문화 차이

한국인들에게 일본은 어떤 나라냐고 질문을 하면 대부분 '가깝고도 먼 나라'라고 답한다. 물론 이 말의 의미는 지리적으로는 가까운 이웃이지만 정서적으로는 먼 나라라는 뜻이며 한일 양국의 문화는 같은 듯 다르다는 의미도 포함되어 있다. 하지만 전 세계를 놓고 볼 때 한국의 은톨이, 일본의 히키코모리 출현 배경에는 사회 · 문화 · 경제 면에서 양국에 공통점이 많다. 오랫동안 지배적이었던 유교 문화, 권위주의적 집단주의, 대가족주의의 오랜 전통이 짧은 근대화, 현대화 과정을 거치며 무너지고 대신 개인주의, 탈권위주의, 핵가족화라는 길을 걷게 되었다. 산업 · 경제 면에서도 전쟁 후 고도경제성장 과정을 겪은 뒤 경기 침체 속에 4차 산업혁명 시대로 접어들었다. 일자리가 줄어든 청년들의 취업 경쟁은 더욱 심해지고 취업은 어려워져 경제성장기에 부를 축적한 부모 세대에 의존할 수밖에 없는 처지가 되었다. 더욱이 한일 양국의 부모들은 자녀에 대해 교육열이 높아 어릴 적 과잉보호, 과잉간섭을 하는 경우가 많고, 이를 통해 성장한 자녀들은 성장 후에도 학교나 직장의 스트레스에 탄력적으로 대응하지 못하고 너무 쉽게 무너져 집으로 숨어들거나, 독립하지 못하고 부모의 집에 계속 남아 과잉의존할 가능성이 매우 높아진다. 여기에 더하여 자녀의 평균 숫자도 2명에서 1명으로 감소하여 사회성 발달이 미숙한 과잉의존형 외동이 늘어났다. 또한 양국 모두 첨단 IT 산업화 시스템(인터넷, 인스턴트 식품, 택배 시스템)을 갖추고 있으므로 돈만 있다면 누구의 도움을 받지 않고 혼자서도 즐기며 생존할 수 있는 사회라는 공통점이 있다. 이러한 양국의 공통점은 한국의 은톨이, 일본의 히키코모리가 탄생할 수 있는 좋은 토양이 된다.

10~20년 전의 일본을 보면 우리의 현재와 미래를 알 수 있다는 말이 있다. 이는 일본 사회에서 일어나는 사회적 이슈가 시간 차이는 있지만 한국에서도 일어난다는 것이다. 일본의 1945년 전쟁 후 출생한 '단카이 세대'는 우리나라의 경우 한국전쟁 후 출생한 '베이비붐 세대'의 출발점인 1955년에 해당된다. 두 세대 모두 고도경제성장기에 편승하여 치열한 경쟁 속에서 근면한 노력으로 부를 축적한 세대이다. 반면, 1990년대 일본의 버블 경제의 몰락과 1997년 한국의 IMF 경제 위기를 겪은 두 나라의 자녀 세대는 풍족한 환경에서 성장하였지만 경기 침체기에 일자리를 못 얻고 방황하는 세대가 되어 부모 세대와의 갈등 관계에 봉착하게 되었다. 일본에서 1990년경부터 거론되기 시작한 히키코

모리가 2000년에 들어선 현시점의 우리나라에서도 일본만큼 큰 사회 문제가 된 것인지에는 의문이 생긴다. 우리나라의 경우 은톨이보다는 인터넷 중독이라는 이슈가 훨씬 더 사회적으로 문제가 되었다. 한국 인터넷 중독의 전형적인 모습은 히키코모리 같이 집이나 PC방에 박혀 시간 가는 줄 모르고 인터넷 게임을 하는 것이다. 하지만 주로 하는 게임의 내용을 들여다보면 '대규모 다중 사용자 온라인 롤플레잉 게임(Massively Multiplayer Online Role-Playing Game: MMORPG)'으로 가상세계를 통한 사회 참여를 하고 있는 것이다. MMORPG의 매력이란 여러 사람이 함께 플레이하는 중에, 좋은 아이템을 통한 자기과시, 게임 세계 내에서의 지위와 명성을 통한 자기만족, 협력 플레이에서 나오는 성취감, 특정 세력(국가 또는 길드)에 대한 소속감이며 MMORPG를 수행하려면 초고속 통신망이 한국처럼 설치되어 있어야 한다. 일본의 경우 혼자 게임할 수 있는 콘솔 게임이 유행하는 것과는 이러한 면에서 큰 차이를 보인다.

일본은 나홀로 문화에 익숙하다. 일본에는 1인 갈비집, 1인 스키야키집 등 한국에서는 아직 익숙하지 않은, 혼족을 위한 식당이 많고, 일반 음식점 좌석 배치도 혼자 오는 손님이 전혀 불편하지 않게 되어 있다. 식당 이외에 혼자 술을 먹는 '혼술', 혼자 노래방 가는 사람들, 혼자 영화 관람을 즐기는 사람들을 위한 시설이 잘 갖추어져 있어 혼자가 어색하지가 않다. 일본인들은 남의 일에 여간해서 관여하지 않는다. 가족 구성원 간의 결속력도 약하여 웬만한 일에는 참견하지 않는다. 좋게 말하면 가족 구성원 간에도 각자 자기 일은 자기가 알아서 하도록 일정 거리를 둔다. 반면에, 한국은 아직 혼자 다니는 것에 대해 타인이 어떻게 볼 것인지에 대한 압박감이 있고 은둔하거나 외톨이로 지내는 것에 대해 가족은 물론 주변인들의 간섭, 충고, 질책이 심하다. 이러한 점 때문에 한국의 은톨이가 은둔 기간도 짧고 증세도 가벼운 것일 수 있다. 이러한 차이를 여인중 원장은 일본의 히키코모리가 진한 에스프레소 커피라면 한국의 은톨이는 연한 아메리카노라고 하였다.

또 하나 중요한 일본과 한국 간의 차이는 병역 제도이다. 일본은 모병제이고 한국은 징병제이다. 한국의 청소년들은 징병 신체검사 판정에 대비하여 자발적 혹은 반강제적으로 미리 병원을 찾아 진단과 치료를 받는 과정을 거친다. 반면에, 일본의 경우에는 가족 전체의 창피함 때문에 문제 청소년일지라도 외부에 은폐된 채 치료를 받지 않고 성인기로 넘어가 버리는 경우가 많다. 즉, 히키코모리 기간이 길어져 심각한 정신적 문제를 가지고 있음에도 세상에 노출이 안 된 채 살아가는 사람이 많다는 것이다. 그중 일부가 예기치 못한 범죄를 결국에 저질러 비로소 세상에 알려지게 되며 이때마다 요란한 히키코모리 대책들이 쏟아져 나오게 된다. 히키코모리와 범죄의 관계는 상당히 잘못된 오해와 편견이 있다. 우리나라도 점차 남의 일에 관여하지 않고 혼자 생활하는 데 익숙한 나홀로 문화가 젊은 층에서 빠른 속도로 확산되고 있으므로 일본의 전철을 밟을 가능성도 염두에 두어야지 안심만 할 수 있는 단계는 아니라고 본다.

11

은톨이, 히키코모리의 특징

'외톨이'란 짝이 없이 혼자 있는 사물이란 순수한 우리말이다. 그 의미가 서부 영화 〈석양의 건맨〉 같이 누구의 힘도 빌리지 않고 혼자서 모든 일을 당당히 처리하는 멋진 혼자가 아니라 그룹에서 이탈되어 소외된, 외로운, 존재감 없는, 따돌림당한, 누구에게도 관심받지 못하는 불쌍한 존재라 규정할 수 있다. 외톨이에는 집 밖으로 나와 사회 활동을 하는 '활동성 외톨이'와 집에 박혀 있는 '은둔형 외톨이'로 나누어진다. 학교, 직장, 단체 모임에는 소극적이고 수줍음을 타서 쉽게 사람들에 접근을 못하고 머뭇거리거나 남들로부터 관심을 못 받아 투명인간처럼 존재감 없이 있는 둥 없는 둥 지내는 외톨이들이 있다. 또한 경쟁 사회에서 이미 형성된 그룹이 배타적이어서 다른 사람의 접근을 못하게 막아서 어쩔 수 없이 외톨이가 될 수밖에 없는 안타까운 처지에 있는 경우도 있다. 따라서 '살면서 외톨이라 느낀 적이 평

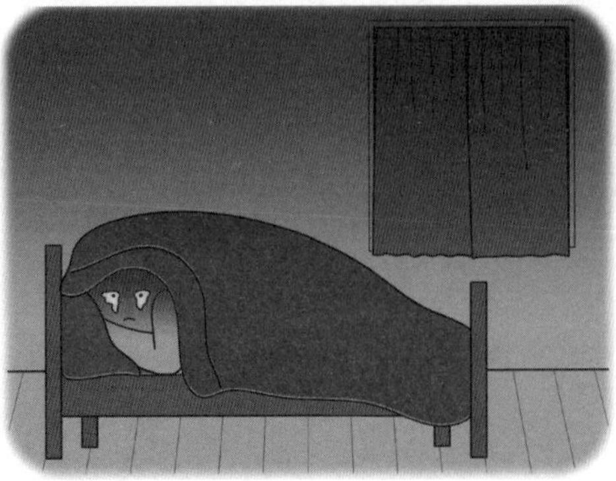

생에 한 번도 없다'는 사람은 거의 없다고 본다.

은둔(隱遁)이란 '세상일을 피하여 숨는다'는 한자어로, 영어로는 social withdrawal이란 용어로 널리 사용된다. 따라서 은둔형 외톨이란 '세상일을 피하여 혼자 숨어 지내는 사람'이라는 뜻이다. 은톨이를 연구하는 전문가들의 대상 선정 기준을 보면 다음과 같다.

2005년 여인중 원장과 한국청소년상담원에 의해 시행된 국가청소년위원회 발주 '은둔형 외톨이 등 사회부적응 청소년 지원 방안' 연구 대상의 선정 기준은, 첫째, 최소한의 사회적 접촉 없이 3개월 이상 집안에 머물러 있고, 둘째, 진학 · 취업 등의 사회 참여 활동을 할 수 없거나 하지 않고 있으며, 셋째, 친구가 하나 밖에 없거나 혹은 한 명도 없고, 넷째, 자신의 은둔 상태에 대한 불안감이나 초조감을 느끼고 있으며, 다섯째, 정신 질환적 장애(psychotic disorder) 또는 중등도 이상의 지적 장애(IQ 50~55 이하)인 경우는 제외시킨다는 것이었다.

2006년 필자와 대한청소년정신의학회 주관 국가청소년위원회 발주 '심각한 은둔형 부적응 청소년의 원인 규명 및 치료(예방)를 위한 가정방문사업'에서도 같은 선정 기준이었다. 조현병과 같은 정신 질환적 장애나 중등도 이상의 지적 장애가 없다고 판단된 사람이 특별한 이유 없이 가족 이외의 사람들과 사회적 접촉 및 활동을 3개월 이상하지 않고 집에 있는 사람들을 선정 대상으로 하였다.

일본의 '히키코모리'의 선정 기준도 한국의 은톨이와 마찬가지이다. 1990년대 일본 정신건강의학과 의사인 사이토 다마키가 6개월 이상 학교나 일터에 가지 않고 집에만 있는 사람들을 '히키코모리'라고 규정한 이래 큰 변화는 없었다.

2010년 후생노동성이 사이토 가즈히코에 의해 새로운 가이드라인을 만들었다. 이 가이드라인에는 "여러 원인으로 인해 사회적인 참가(의무 교육을 포함한 취학, 비상근직을 포함한 노동, 가정 외에서의 교육 등)를 회피하며, 타인과의 교류를 위한 집 밖 출입을 6개월 이상 하지 않고 가정 내에 머무르고 있는 상태로 규정하였다. 덧붙여 2010년 후생노동성 가이드라인에는 "히키코모리는 원칙적으로 조현병의 양성 또는 음성 증상에 의한 은둔 상태와는 선을 긋는 비정신병성 현상으로 정의하지만, 실제로는 확정 진단을 받기 전의 조현병이 포함되어 있을 가능성이 적지 않다는 것에 유의하여야 한다."라고 언급하고 있다. 이 언급은 정신건강의학과 의사로서 매우 공감되는 것으로 실제 임상에서 은톨이들과의 솔직한 대면 대화가 어려우므로 그들의 정신 상태를 정확히 파악하기가 불가능하기 때문이다.

현재 히키코모리 연구를 가장 활발히 하고 있는 후쿠오카 규슈 의과대학의 타카히로 가토 교수가 2019년 세계정신의학회 연례 학술 대회에서 제기한 히키코모리의 선정 기준을 보면, 첫째, 고립되어 집에만 있고, 둘째, 6개월 이상 지속적으로 사회와 격리되어 있고, 셋째, 사회적 격리로 인해 심각한 기능 장애와 심적 고통을 겪고 있는 등 세 가지 모두에 해당되는 사람이라고 하였다. 그러나 필자를 비롯한 일부 학자들 간에는 은톨이 기준에 반드시 심리적 고통을 겪고 있어야 된다는 내용을 포함해야 하느냐에는 다른 견해들이 있다. 조현성 성격장애(schizoid personality disorder), 자폐스펙트럼장애의 일종인 아스퍼거 증후군(Asperger's syndrome)은 대인 관계에 대한 관심과 욕구가 원래 저하되어 있어 고립 상태에 대해 별 고통을 호소하지 않는 은톨이가 있을 수 있기 때문이다.

한일 간 은톨이의 선정 기준의 근본적 개념은 같다고 본다. 다만, 일본 히키코모리의 경우 6개월 이상, 한국 은톨이의 경우 3개월 이상의 증상 기간을 선정 기준으로 하는 차이를 보인다는 것이다. 이러한 차이는 한국의 경우 여인중 원장과 필자의 연구 모두 주로 청소년을 대상으로 했기 때문에 성인을 대상으로 한 일본보다 은둔 기간이 짧을 수밖에 없었다고 본다. 또한 한국에서는 중 · 고등학교의 교칙상 3개월 이상 학교를 가지 않으면 학년이 유급되기 때문에 3개월 이상은 의미가 크다. 하지만 이보다 더 중요한 것은 한일 간 사회 · 문화 차이를 반영한 것으로 보인다. 일본의 경우 히키코모리를 보는 관점이 허용적이어서 은둔 생활이 6개월 정도는 지나야 비로소 문제를 삼는 관대함이 있는 반면, 우리나라의 경우는 은톨이 생활에 대하여 3개월 이상은 받아들이지 못하는 엄격한 사회 정서 차이라고 하겠다. 즉, 일본 히키코모리인 경우 초기 성인기에 3개월 정도 은둔하는 것은 자주 있는 일이고, 이 정도 기간을 은둔하는 경우에는 회복하는 경우도 잦았기 때문에 6개월 정도는 지나야 병적으로 본다는 것이다. 실제로 6개월 이상 장기간 심각한 증상을 보이는 경우가 한국에서는 일본보다 흔치 않음을 반영한 것이라고 할 수 있다. 2019년 은톨이 역학 조사를 실시한 삼성서울병원 역시 3개월 이상을 기준으로 하였다. 요약하면, 국내 정신건강의학과 의사들의 연구 기준이 3개월 이상인 반면에, 2017년 한국청소년연구원 은톨이 조사, 2020년 학교밖청소년연구소 조사는 일본과 같이 6개월 이상을 기준으로 하였다는 차이점이 있다. 최근 일본에서도 3~6개월 기간을 은둔하는 사람들에도 초점을 맞추고 있다. 이런 사람들을 예비 히키코모리(Pre-Hikikomori, 히키코모리 전 단계)로 정의하여 경한(mild) 수준의 히키코모리로 보고 있다.

은톨이 선정 기준에 나이에 관한 것은 없다. 대부분이 10~20대 청소년기, 초기 성인기에 생기지만 최근에는 실직으로 인해 30대부터 생기는 수도 있고, 일본 전업주부 혹은 시집 안 간 딸들이 이웃이나 외부인과 접촉 없이 가족들과 집안에서만 지내기도 한다. 더욱이, 2019년 일본 내각부 조사에 따르면 120만 히키코모리 숫자 중 절반인 61만이 40~64세 중년이라는 발표가 있었다.

최근에는 히키코모리의 끝판왕이라 할 수 있는 외부인과 접촉 없이 혼자 집에서만 지내다가 사망하여 늦게 발견되는 노인 고독사(孤獨死) 문제가 큰 사회적 문제로 제기되고 있다.

은톨이, 히키코모리라는 말이 대중에게 유행하면 한편으론 자칫 우려되는 면도 있다. 일본과 한국 모두 식구 혹은 당사자가 심각한 정신 질환이 있다는 사실을 인정하기 어렵다거나 남한테 숨기려는 의도로 은톨이, 히키코모리라는 말을 남용할 수 있다. 일본 부모들이 자식이 조현병이라는 정신병이 있다는 말보다는 히키코모리라는 진단을 더 편하게 받아들이듯이, 우리나라 역시 정신건강의학과 진단보다는 은톨이를 더 선호하고 받아들인다. 이렇듯 실제의 정신건강의학과적 진단 대신에 일반인들이 받아들일 만한 진단으로 포장한 것을 위장 진단(disguised diagnosis)이라 부른다. 청소년 우울증을 중2병, 고3병이라 부르는 것이 일례라고 하겠다. 위장 진단의 위험성은 조현병으로 은둔 생활을 하는 자식을 둔 부모가 우리 아이는 은톨이일 뿐 정신 질환은 아니라 하고 부정하며 병원 치료를 안 받고 병을 키우는 것이다. 진정한 치료를 위해서는 위장막을 벗겨야 한다.

12

은톨이의 하루

"하루 종일 게임하거나 하루 종일 멍하게 지낸 적이 많았다. 요즈음 나는 가족들이 다 출근한 10시에 일어난다. 기상 후 30분간은 엄마가 차려 놓고 나간 음식도 먹고, 화장실도 가고, 심지어 방 안의 소변통도 비우는, 나한테는 중요한 시간이자 내가 가장 규칙적으로 뭔가를 하는 시간이다. 식사가 끝나면 바로 핸드폰을 켜고 유튜브를 보다가 게임을 몇 판 한다. 1시에 간단한 식사를 하고 다시 유튜브를 보다 2시에 게임을 다시 한다. 3시에 커튼과 창문을 열고 따뜻한 날은 베란다로 나가 광합성을 하고 들어온다. 4시 반, 다시 유튜브를 보다가 잠이 든다. 오후 6시에 낮잠을 깨면 술을 마시면서 영화를 보기 시작한다. 술을 마시는 이유는 누구랑 말하고 싶어 대화방에 들어가고 싶은데 맨 정신에 대화방에 들어갈 용기가 도저히 나지 않기 때문이다. 영화를 보다가 술기운이 올라오면 10시쯤 토크온 혼술방에 들어간다. 내 처지를 숨긴 채 잡담을 나누고 건배를 하다 새벽 1시경 술에 취해 잠이 든다. 다음 날도 마찬가지이다. 일주일에 6번은 토크온 혼술방에 들어가고 식사 때 술을 찾는 습관이 생겨 겁이 난다. 배도 나오고, 다이어트를 해야겠다는 생각이 든다. 다음에는 다이어트를 하는 영상을 여러분에게 올릴 예정이니 많은 응원 부탁합니다."

이 글은 은톨이 A씨가 2020년 유튜브에 올린 영상 중 일부이다. A씨는 유튜브-게임-술-단톡방으로 하루를 보낸다. 여기에 더하여 자신의 다이어트 시도 과정을 촬영하여 유튜브에 올릴 예정이다. 다이어트, 수능, 운동에 목표를 정해 놓고 이에 도전하는 유튜브, 브이로그 제작 활동은 세상과 소통하려는 바람직한 현상으로 볼 수 있다.

A씨의 경우에는 인터넷 사용을 통해 세상과 소통하려는 시도를 하고 있지만, 모든 은톨이가 그런 것은 아니다. 은톨이 중 많은 수는 인터넷 사용 중에도 사회불안 그리고 타인과 어울리지 않고 싶다는 마음으로 인해 혼자서만 몰두할 수 있는 애니메이션이나 콘솔 게임만을 즐긴다고 한다. 2019년 삼성서울병원 홍진표 교수의 연구에 따르면, 은톨이는 메신저나 SNS와 같이 타인과의 상호작용이 필요한 인터넷 사용은 정상군에 비해 거의 사용하지를 않는 반면, 게임이나 웹서핑과 같이 혼자 즐기는 인터넷 콘텐츠를 훨씬 더 오랫동안 사용하는 경향성이 있는 것으로 나타났다. 과거 국내외의 연구에서 밝혀진 바, 인터넷 중독, 스마트폰 중독이 은톨이와 매우 큰 연관성이 있으며 은톨이의 증상이 심할수록 인터넷 사용 시간이 증가한다는 것을 감안한다면, 은톨이는

장시간의 인터넷을 사용하면서도 홀로 외롭게 시간을 보내는 것을 선호하고, 타인과의 교류는 기피하는 경향이 있다는 것이다.

최근 해외의 연구 결과들에 따르면, 은톨이들도 인터넷을 통해서 사회적 상호작용을 할 수 있어서, A씨와 같은 일부 은톨이가 외로움을 해소하기 위해 굳이 집 밖으로 나가지 않아도 된다고 하였다. 그러나 은톨이들은 여전히 정상 대조군에 비해서 비사회적 목적의 인터넷 사용을 주로 하는 것으로 드러나서, 이러한 연구 결과에 대해서는 좀 더 논의가 필요하다. A씨의 경우에는 장기적으로 보았을 때 점차 바깥 세상의 유행이나 사람을 만나고 싶다는 느낌이 감소할 수 있으므로, 취미 활동이나 관심사를 공유할 수 있는 커뮤니티 활동이 권장된다. 비록 대면하지 않는 사회적 상호작용이더라도, 이러한 상호작용으로 인해 긍정적인 경험을 하게 된다면 용기를 얻어 다음 단계로 나아갈 수 있게 된다. 처음에는 댓글, 그다음에는 채팅 그리고 보이스 채팅, 이후에는 영상 통화와 마침내 오프라인에서도 마음이 맞는 사람과 소통을 할 수 있다.

13

은톨이의 실태와 빈도

은톨이의 정확한 빈도는 알기 힘들다. 정책 입안자들이 생각하는 넓은 의미의 은톨이, 즉 '광의의 은톨이'를 기준으로 할 것인지, 좁은 의미의 명확한 은톨이, 즉 '협의의 은둔형 외톨이'만을 기준으로 할 것인지에 따라 달라지기 때문이다. 또한 은톨이들은 노출을 꺼려 하기 때문에 정확한 실태를 파악하기 힘들다.

우선, 히키코모리의 발원지인 일본과 우리나라 실태를 비교하기 위해 전체 인구를 살펴보면(2020, 통계청 KOSIS 인용) 일본 인구는 1억 2,647만 6,458명으로 세계 11위, 한국은 5,178만 579명으로 세계 28위이다. 일본 인구가 우리나라의 인구보다 약 2.4배 많다.

2002~2006년에 일본에서 20세 이상의 주민 4,100여 명을 대상으로 대면 조사한 연구 결과에 따르면 지역사회에서 히키코모리의 평생 유병률은 전체 응답자 중 1.2% 정도로 나타났으며 20대

그리고 남성에서 유의하게 유병률이 높은 것으로 나타났다. 또한 WHO-CIDI(Composite International Diagnostic Interview) 3.0을 사용하여 조사하였을 때 히키모모리로 평가된 군의 54.5%에서 기분장애, 불안장애, 물질사용장애 등의 정신 질환이 동반되고 있었으며 히키코모리군에서 그렇지 않은 군에 비해 기분장애의 위험이 6.1배 높은 것으로 나타났다.

일본의 경우 히키코모리로 사회적 문제가 심각한 사람은 대략 30~150만 명이라고 알려져 있다. 우리나라의 은톨이는 30만 명 정도로 알려져 왔다. 이 수치는 2005년 여인중 원장이 국내 처음으로 제기한 수치로 역학 조사를 통해 밝힌 수치는 아니다. 추정 방법은 학교 탈락자 중 일부를 은톨이로 간주하여 연 4만 명 × 5년 + 10만=30만 명으로 추정하였다고 하며 30만이라는 수치는 다소 과장되었다고 2018년 TBS 대담 프로그램에서 여인중 원장 자신이 밝힌 바 있다.

2015년 이후 일본 및 국내 역학 조사를 통해 은톨이 또는 히키코모리가 얼마나 있는지 수치를 밝히는 체계적 연구들이 진행되었다. 한국청소년정책연구원 2017년 연구, 삼성서울병원의 2019년 연구 모두 해당 연령의 0.9%가 은톨이였다. 최근의 한일 연구들에 대해 간략히 살펴보면 다음과 같다.

일본 내각부 2015년, 2018년 연구

일본 내각부의 '생활 상황에 관한 조사' 중 '평소에 얼마나 외출하는가?'라는 질문이 있다. 첫째, 6개월 이상 방 혹은 집 안에만 있다거나, 둘째, 평소 집에만 있지만 집 근처 편의점까지 나간다거나, 셋째, 평소 집에만 있지만 취미와 심부름을 위해서만 외출한다로 세분하였다. 첫째와 둘째에 해당하는 경우를 '협의의 히키코모리', 셋 모두에 해당하는 경우를 '광의의 히키코모리'로 정의하였다.

2015년 15~39세 3,115명에 대해 조사한 바에 의하면 첫째의 경우에 해당하는 사람이 5명으로, 이를 일본 인구 전체로 확대할 경우 5.5만 명이었다. 둘째의 경우에 해당하는 사람이 11명(12.1만 명), 셋째의 경우에 해당하는 사람이 33명(36.5만 명)이었다. 따라서 '협의의 히키코모리'는 17.6만 명, '광의의 히키코모리'는 54.1만 명으로 추정되었다.

2018년 40~64세 3,248명에 대해 조사한 바에 의하면 첫째의 경우에 해당하는 사람이 7명(9.1만 명), 둘째의 경우에 해당하는 사람이 21명(27.4만 명), 셋째의 경우에 해당하는 사람이 19명(24.8만 명)이었다. '협의의 히키코모리'는 36.5만 명, '광의의 히키코모리'는 61.3만 명으로 추정되었다. 이는 15~64세 일본 전체 히키코모리 숫자를 120만 명으로 볼 때 50%에 해당하는 수치였다([그림 6] 참조).

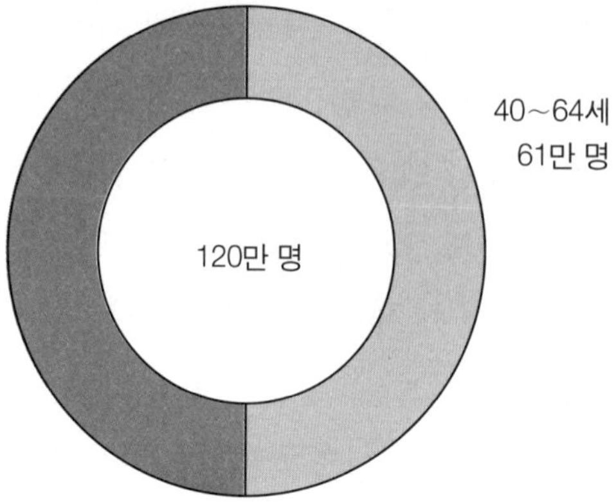

[그림 6] 은둔형 외톨이 조사 결과(일본 내각부계, 2019)

한국청소년정책연구원 2017년 연구

전국 5,000가구 19~39세 2,300명을 조사한 결과, 21명(0.91%: 남자 0.75%, 여자 1.08%)이 은톨이로 추정되었다. 이 연구의 은톨이 기준은 2015년 일본 내각부 기준과 같이 6개월 이상 뚜렷한 목적이나 이유 없이 행동 반경이 자기 방-집안-인근 편의점-간혹 동호회 활동에 국한된 경우에 한하였다. 당시 13~39세 인구 통계가 1,490만 3,919명(행정안전부 주민등록, 2017년 6월)이었던바, 0.91%를 대입할 경우 우리나라의 '광의의 은둔형 외톨이'는 13만 5,625명이었다. 이는 비구직 NEET 숫자의 10%에 해당되었다. 필자가 갖는 의문점은 통상적으로 남자가 여자보다 높은 은톨이 빈도를 보이는 게 일반적인데, 본 연구에서는 반대의 결과를 보였다는 점이다.

삼성서울병원 2019년 연구

보건복지부 정신 건강기술개발사업의 일환으로 시행된 본 연구(주 연구자 홍진표)는 서울 강남구, 경기 파주시, 대구시 중구 세 군데에서 1,010가구 1,700명이 대상이었다. 은톨이 기준은 현재 과거를 포함하여 3개월 이상 집에서 보내며, 등교 혹은 출근 등 사회적 활동을 하지 않으려 하고, 친구나 가족을 만나지 않으려 하는 경우였다. 총 1,700명 조사 응답자 중 현재 10명, 과거 6명 총 16명(0.9%)이 은톨이에 해당되었다. 3개월 기간 기준에 미흡하거나, 세 가지 기준 중 두 가지만 만족하는 은톨이 위험군 인원은 현재 27명, 과거 17명으로 총 44명(2.6%)이었다. 삼성병원연구팀의 0.9%는 한국청소년정책연구원의 0.91%와 같은 수치이다. 즉, 100명 중 1명 미만이 은톨이인 셈이다. 주요 결과를 살펴보면, 은톨이와 은톨이 고위험군은 자살 사고와 계획, 시도 등의 자살성이 약 5~10배가량 높았으며, 우울, 사회불안 정도가 높았고 전반적인 삶의 만족도는 낮은 것으로 나타났다. 특히 강조할 만한 것은, 은톨이는 메신저나 SNS와 같이 타인과 상호작용을 하는 인터넷 사용보다는 게임이나 웹서핑과 같이 혼자서 할 수 있는 인터넷 사용을 주로 하였다는 것이다. 그러나 은톨이들은 여전히 정상 대조군에 비해서 비사회적 목적의 인터넷 사용을 주로 하는 것으로 드러나서, 이러한 연구 결과에 대해서는 좀 더 논의가 필요하다. 홍진표 교수의 연구를 좀 더 면밀히 분석해 보면 미혼, 무직, 경제적 불안정 비율이 높고, 은톨이 현상이 외부의 사회적 요인과 개인적 요인이 결합되어서 발생한다고 볼 수 있는데, 이는 개인이 취직이나 결혼, 졸업 등 생애에 중요한 결정을 해야 하는 시기에 좌절 경험을 하면서 은둔에 빠지기 쉽다는 것을 의미한다. 또한 기존에 우리나라에서는 소아청소년에서 은톨이가 더욱 많을 것으로 예상되었으나, 2019년 연구에 따르면 은둔 시작 연령은 24.5세로 일본과 마찬가지로 초기 성인기에 시작되는 경우가 많았으며, 평균 은둔 기간은 38.7개월이었다.

14

중장년 은톨이의 '8050문제'

히키코모리의 장기화, 고령화가 불러온 일본 사회의 위기는 심각하다. 2017년 일본 히키코모리 가족 협회 보고에 따르면 자립 지원을 상담받은 40~50대 숫자가 20~30대 숫자와 비슷하다는

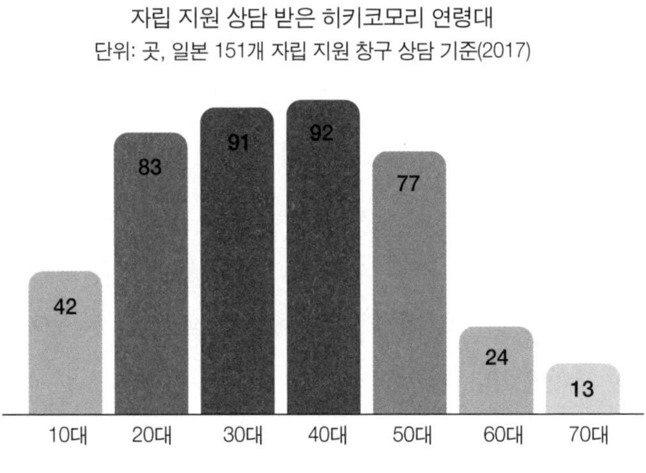

〈그림 7〉 연령별 자립 지원금 상담 건수(일본 히키코모리 가족 협회, 2017)

것이다([그림 7] 참조). 부모가 경제 활동을 하는 시기에는 큰 문제가 안 되지만 부모가 은퇴 후 수입원이 없어진 80대 부모, 히키코모리 50대 자식 모두 경제적으로나 사회적으로 고립되어 발생하는 여러 종류의 8050문제에 봉착하게 된다. 일본 코믹 드라마 〈집을 파는 여자〉를 살펴보고 이어 8050문제로 인해 일본에서 일어난 실제 사건에 대해 살펴보면 다음과 같다.

2016년 "내가 팔지 못하는 집은 없다."라고 말하는 천재 부동산업자가 주인공인 〈집을 파는 여자〉라는 드라마가 일본에서 방영했다. 주인공은 2층 단독 주택을 팔려고 내놓은 60대 부부만 산다는 집을 방문하였는데 2층에서 사람 인기척이 나는 것을 감지한다. 결국 노부부는 20년 넘게 혼자 2층 방에 혼자 틀어박혀 사는 40대 아들이 있다는 것을 고백하며 자신들이 늙어 죽고 나면 아들의 생계가 걱정되어 집을 판 돈 일부를 아들에게 물려줄 계획으로 집을 내놓았다고 하였다. 이에 천재 부동산업자가 아들을 방 밖으로 끌어내기 위해 화재경보기를 누르자 놀란 아들은 1층으로 뛰어 내려온다. 그 순간 부모는 "20년 만에 본 아들이 저렇게 늙었다니"라고 탄식하였다. 90년대 경제 불황으로 인해 소위 '취업 빙하기' 의 좌절을 맛보고 '잃어버린 20년' 동안 재기를 못하며 방에 틀어박힌 젊은 히키코모리가 2010년대에 들어서면서 어느덧 중년이 되어 벌어지는 사회 현상을 코믹하게 극화한 드라마이다.

2015년 일본의 나라현 한 가정집에서 이웃 주민들의 신고로 81세 여성의 시신이 발견된다. 처음에는 흔한 노인의 고독사로 여겨졌지만 집안에는 56세 히키코모리 아들이 쓰레기 속에 어머니의 시신을 방치한 채 부모의 연금으로 생활하는 것이 발견되어 충격을 준 사건이 있었다. 2016년 니카타에서는 70대 어머니가 "내가 죽으면 아들도 굶어 죽을 거다."라는 메모를 남기고 50대 히키코모리 아들을 죽이고 자신도 자살하는 사건이 있었다.

2019년에는 51세 히키코모리 남성이 시끄럽다는 이유로 등굣길 학생들에게 무차별적인 상해를 입히고 자살한 사건이 가와사키에서 일어났다. 이 사건이 발생한 지 수 주 후 이 사건의 영향으로 70대 전직 차관이 학교 아이들이 떠드는 소리에 예민한 반응을 보이는 40대 아들이 혹시 아이들에게 위해를 가할까 봐 아들을 살해하고 자진 경찰서에 출두한 사건이 도쿄에서 발생하였다. 이웃 사람들은 40대 아들의 존재를 전혀 몰랐다고 한다.

최근 일본에서는 직업 없이 시집을 안 간 채 부모와 같이 사는 과년한 딸, 전업주부 중 상당수가 가족 이외의 사람과 교류 없이 히키코모리처럼 외롭게 지낸다고 한다. 2019년 일본 내각부 통계에 따르면 히키코모리를 전 국민의 1%로 보며, 그중 50%인 61만 정도가 40~64세 중년 히키코모리로 추산된다고 하였다. 중년 히키코모리 중 12.8%가 세상과 교류 없이 지내는 전업주부라 하였다. 한편, 중·노년층의 고독사 문제 또한 심각하다. 혼자 살다가 사망한 지 수개월이 지나서야 발견되는 경우가 있는데 이 경우 사망자는 이미 히키코모리 생활을 오래전부터 해 왔을 가능성이 높다.

우리나라의 경우 일본에서 심각한 사회 문제로 떠오른 8050문제가 우리에게도 심각한 사회 문제로 다가올 것인지는 의문이지만 이에 대한 대비는 해야겠다.

Part
3

은둔형 외톨이가 되는 과정

15

은톨이를 만드는 성격 · 가정 · 학교 · 직장 · 사회적 요인

은톨이가 학교 폭력이나 직장 내 따돌림으로 발생하였을 경우 직접적인 원인은 폭력이나 따돌림이란 사건이지만 그 배경에는 각자가 살아온 삶의 곳곳에서 은톨이가 될 만한 이유를 발견할 수 있다. 즉, 은톨이를 하나의 원인 때문이라고 하기보다는 성장 과정 중에 경험한 여러 원인이 복합적으로 작용하여 최종 결과물인 은톨이가 탄생되는 것이다. 따라서 한 개인의 타고난 성격, 가정에서의 성장 과정, 학교나 직장(일터)에서의 적응력, 전반적 사회경제 배경을 살펴보는 것은 은톨이가 될 수밖에 없는 개개인의 사연을 이해하고 치료 계획을 세우는 데 매우 중요하다. 다음 소개되는 가정 방문 치료 사례는 이를 잘 설명할 수 있는 좋은 예라고 할 수 있다.

B양은 20세 휴학생이다. B양의 어머니는 B양이 6개월째 학교에 가지 않고, 바깥 출입이나 만나는 친구도 없이 방 안에 틀어박혀서 멍하니 창밖만 바라보고 간간이 컴퓨터 게임만 하는 게 걱정이 되어

지역정신 건강복지센터를 방문하였다. 다행히 B양은 가정 방문 상담자에게 협조적으로 면담에 응하였으며 몇 번 집에서 면담이 이루어진 후에는 지역정신 건강복지센터에 와서 면담을 하게 되었다.

어머니에 의하면 B양은 걷기 전까지는 경기를 일주일에 3회 정도 하였다. 2세 때 혼자 걷기 시작하였고, 3세를 지나면서부터 말을 해 다른 아동들보다 발달이 늦은 편이였다. 조용한 성격으로 특별한 말썽을 부린 적은 없었다. 유치원에 가기 싫다는 이야기를 자주 했지만 실제로 결석을 한 적은 없었다. B양은 초등학교 시절 학교에 자주 오는 어머니 때문에 친구들로부터 놀림을 받은 적이 있었다. 초등학교 5학년 때부터 친구들과 어울리지 못하고 외톨이로 지내는 게 힘들었다. 간혹 친구들이 말을 걸면 대답도 잘 못하며 버벅거리고, 속이 떨리거나 울렁거리고 매스꺼워서 혼자 있는 게 편했다.

중학교 때도 친구들과 어울리는 게 힘들어 혼자 있는 시간이 많았다. 아이들이 "재는 왜 저러니, 밥맛이야. 또 재 엄마가 외서 뭔 소리를 하고 간 거야."라며 아예 대놓고 B양이 들으라는 듯이 여러 명이 모여 떠들곤 하였다. 중학교 3학년 때 B양을 불쌍히 여긴 같은 반 남학생이 도와주려고 말을 걸고 관심을 보인 것이 그 남자친구와 사귀던 여학생에게 오해를 불러일으켜 B양은 학교 화장실에서 여학생들로부터 집단 폭행을 당했다. 그것도 모자라서 카톡방에 B양을 불러 공개 사과하라고 모욕감을 주었다. 이로 인해 학교폭력위원회가 열렸고 다행히 가해자 아이들이 사과하는 선에서 끝나고 졸업을 하였다.

고등학교 때에도 왕따는 이어졌다. 중학교 때 당한 왕따의 기억 때문에 친구들과 잘 어울리지 못했고, 학교에 자주 오는 어머니 때문에 고등학교 때도 친구들이 B양을 싫어했다. B양은 담임 선생님이 어머니 부탁을 받고 자신을 도와주고 지켜 주고자 같은 반 아이들에게 이런저런 지시를 했던 것이 더 안 좋은 상황을 만들었다고 하였다. 또한 B양은 심지어 어머니가 선생님들에게 B양을 조용하고 차분한 성격이라고 생활기록부에 적지 말고, 활달하고 활발한 성격으로 적어 주길 부탁하였다는 말을 같은 반 아이로부터 들었다. B양은 자신은 조용하고 소심한 사람인데 그렇게 쓴다고 해서 자신이 변화하는 것은 아니라는 생각을 하였다. '공부를 열심히 하면 성적이 올라가듯이 노력하면 성격도 고칠 수 있고, 대학 가면 좋아질 거야.' 라는 생각을 자주 했다.

대학교 1학년 1학기 때 B양은 나름대로 적극적인 노력으로 같은 과의 나이 많은 언니뻘 신입생과 친하게 지냈다. 의지할 상대가 생겨서 둘이서 늘 붙어 다녔는데 문제는 둘이 친하게 지내는 것을 보고 주변 사람들이 장난으로 "둘이 사귀는 거 아니야?"라는 말을 한 것이었다. B양은 이 말에 별 신경을 안 썼지만 언니뻘 선배는 이 말을 의식해서인지 다른 태도를 보였다. 선배 언니는 B양이 다가와서 친하게 지낸 것일 뿐이라고 사람들에게 해명하며 B양에게 예전처럼 살가운 태도를 보이지 않고 점점 거리를 두는 태도를 취하였다. 이에 상처를 받은 B양은 2학기 때부터 '혹시 선배가 나에 관해 이상한 소문을 퍼뜨린 건 아닐까?' 하는 두려움에 학교를 나가지 않았다. 결국 공부도 하기 싫고 다른 사람도 만나기 싫어 휴학을 했고, 이후 1년 동안 집안에서만 생활을 하였다. 처음에는 혼자 지내면 시간이 잘 안 갈까 봐 걱정했는데 생각보다 시간이 잘 지나갔다. 아침에 일어나서 씻고 베란다 창틀에 앉아서 커피 마시며 사람들을 구경하고 라디오 듣고 컴퓨터를 하다 보면 하루가 금방 지나갔다. 점차 '앞으로 나는 어떻게 될까? 1년 후에 내가 살아 있을까?'라는 생각이 들기 시작했다. 밖에서 사람들을 보면 두려워 시선을 피하게 되고, 자기 또래의 사람들이 웃고 떠드는 것을 보면 날 조롱하고 비웃는 거 같은 생각이 들었다. 가끔 안 좋은 생각을 하게 되는데, 안 좋은 생각이란 웃고 떠드는 또래를 보면 지하철이 오는데 확 밀어 버리고 싶거나, 쫓아가서 때리고 싶다는 충동이었다. 학교에 복학해야 하는 게 두렵다는 생각 때문에 현실로부터 도망가고 싶었다.

B양의 아버지는 공무원으로 말수가 없고 무뚝뚝한 성격으로 감정 표현을 잘 하지 않았다. B양이 곧 좋아질 것이라며 어머니가 지나치게 걱정하고 안달하는 것을 답답해하였다. 아버지가 무섭게 한다거나, 화를 내거나, 앞으로 어떻게 하라고 말하지도 않지만, B양은 아버지를 어

려워하였다. 식사도 같이 하지 않고 아버지가 출근한 후에 식사하였다. 어머니는 주부로, 어렵게 아이를 갖고 출산한 무남독녀라 B양을 과보호하였다. 특히 어릴 적 경기를 하고 또래 아이들보다 약하고 뒤처져 과잉보호를 할 수밖에 없었다. 어머니 자신도 어린 시절부터 B양에게 지나치게 간섭하고 학교에 너무 찾아가 친구들에게 왕따를 당하게 했다는 생각을 하지만 한편으론 아직도 어머니는 B양을 대학 시절에 돌봐 주지 않아서 문제가 생겼고 자신의 보호가 아직 필요하다고 생각하였다. B양은 엄마가 이것저것 하라고 하는 것이 많아서 너무 힘들지만 한편으로 엄마가 없는 세상은 상상조차 하기 두려웠다.

B양의 사례는 부모의 과잉통제, 과잉간섭이 자녀의 학교부적응과 따돌림의 원인이 되고 급기야는 성인이 되어서도 어머니에게 의존할 수밖에 없게 되어 은톨이가 되는 과정을 보여 주는 사례이다. 은톨이가 되기까지의 전형적이고 흔하게 볼 수 있는 타고난 성격, 부모의 자녀 양육 방식, 학교 생활을 정리해 보면 다음과 같다.

타고난 성격

같은 부모 교육 환경에서 자란 형제들 간에도 완전히 다른 이유는 타고난 성격 차이 때문이다. 타고난 성격을 의학에서는 기질(氣質, temperament)이라 하는데 태어나서 죽을 때까지 평생 살 면하지 않는다고 알려져 있다. 기질에 관한 대표적 연구는 1968년

뉴욕 대학 토머스와 체스(Thomas & Chess)에 의한 것으로 활동량, 식사 · 수면 · 배설의 규칙성, 새로운 것에 대한 접근성, 환경 적응성, 반응의 강도와 예민성, 기분 · 감정, 주의집중력에 따라 아이의 기질을 파악하였다. 은톨이가 될 위험성이 높은 특징적 기질은 새로운 것에 대한 접근성이 낮아 우선 도피 반응을 보이며, 주변 자극에 예민하고, 낯선 환경을 접할 때 겁과 수줍음이 많아 처음에는 얼어붙었다가 서서히 자신이 처한 환경에 적응하는 '더디게 자라는(slow warm-up) 기질이라 생각된다. 1994년 이후 의학적 뇌 연구에 널리 사용되는 클로닌저(C. Cloninger)의 신경전달물질에 의한 기질 특성 분류(Temperament and Character Inventory)는 호기심이 많고 뭔가 새로운 것을 찾으려는 자극 추구(Novelty Seeking), 위험을 회피하는 소심한 위험회피(Harm-Avoidance), 현실적 이득이나 보상에 좌우되는 사회적 민감성(Reward Dependence, 보상의존성), 타협하지 않고 고집스럽게 밀고 나가는 인내력(Persistence) 네 축으로 구성되는데, 은톨이의 경우 확실한 것은 위험회피 기질이 높다고 추정된다. B양의 경우 타고난 성격이 조용하고 소심하고 회피적 기질이어서 환경 적응에 어려움이 있는 은톨이가 될 기질을 타고났다고 볼 수 있다.

자녀 양육 방식

부모가 가정교육을 통해 자녀를 올바르게 키우는 데에 있어서 가장 중요한 두 가지 목표는, 첫째, 사람들과 어울려 친구를 사귀고 그가 속한 단체에 적응할 수 있는 사회적 능력을 키워 주는 것과, 둘째, 부모의 도움 없이 생존할 수 있는 독립된 인간을 만들어 주는 것이다. 이러한 목표를 성취하기 위해서는, 첫째, 가족 구성원들, 즉 부모, 형제, 친척들이 서로 교류하며 화목하게, 때로는 싸우고 부대끼면서 지내온 삶의 경험들이 첫째 목표를 달성하는 데 필요하다. 반대로, 한 지붕 세 가족처럼 친척 간 소통이 단절되거나, 핵가족화되거나, 부모 한쪽이 없이 자라거나, 형제 · 사촌들과 어울린 경험이 없이 혼자 자란 외동이거나, 부모 간 불화가 심해 눈치만 보고 위축되어 성장한 아이의 경우 친구를 사귀는데 어려움이 많다. 존재감 없이 혼자 지내거나 집단에 적응을 못하고 따돌림으로 인한 희생양이 되기가 쉽다. 둘째, 가정교육의 목표는 부모의 도움 없이 생존할 수 있는 독립된 인간을 만드는 것임을 명심해야 한다. 부모의 과잉보호와 과잉간섭은 이를 방해하는 대표적 양육 방식이다. 특히 우리나라 엄마들의 경우 자식에 대한 과잉애착, 과잉교육열로 인한 과잉보호와 과잉간섭이 심하다. 이를 대표하는 신조어가 출현하여 유행하는데, 자녀에 닥친 장애물을 스스로 해결하게 두지 않고 엄마가 대신 모든 장애물을 잔디 깎듯이 제거해 주는 '잔디 깎는 맘(mower mom)', 대학이나 직장, 심지어 군대 간 아들까지 헬리콥터에서 망원경을 쓰고 일일이 감시하고 있는 듯 아들 일에 참견하여 직장 사람들까지 곤란하게 만드는 '헬리콥터 맘(helicopter mom)' 등이 있다. 이런 부모 밑에서 자란 아이의 가장 큰 문제는 어려움에 직면했을 때 적절히 대처할 능력이 없다는 것이며, 이

때문에 부모에 과잉의존할 수밖에 없고, 쉽게 포기하여 엄마 뒤에 숨어 버린다. 학교와 직장 내의 가벼운 스트레스조차 못 견디고 쉽게 집으로 숨어든다. 과잉보호와 과잉의존의 최종 결과는 '모든 일의 잘못은 자신에 있는 것이 아니고 부모 때문이다'라는 원망으로 귀결된다. 실제 은톨이에게서 가장 문제시되는 행동은 인생을 부모가 망쳤다는 부모에 대한 원망과 분노이다. 더 심각한 문제는 자녀의 무리한 요구를 부모가 들어주지 않을 때 부모를 향한 욕설과 신체적 폭력이다. 대부분 엄마는 폭행 대상이 되고 아버지와의 관계는 악화되어 대화가 끊긴 지 오래된 가정이 흔하다. 앞서 소개한 B양의 사례에서 볼 수 있듯이 어머니의 과잉보호는 초·중·고교 시절에 또래로부터 따돌림당하는 원인을 제공하였고, 대학에서는 홀로 적응하는 데 실패하게 만들었으며, 성장하면서 어머니에 대한 의존은 점차 원망이나 분노로 바뀌게 되는 것이다.

일본 히키코모리와 한국 은톨이의 공통점은 자녀 양육에 대한 어머니의 과잉보호와 아버지의 무관심이다. 은톨이 치료 과정 중에 가족 상담이 있다면 이러한 부모의 양육 태도가 과거에 있었는지 현재에도 진행되는지 반드시 다루어져야 할 문제이다. B양의 어머니 역시 또래에 비해 늦고 소심한 자녀에 대해 과잉보호할 수밖에 없었고 그러한 과잉보호 심리는 대학생이 된 지금도 지속되기 때문에 자녀의 독립을 목표로 한 가족 치료를 통해 이러한 문제를 잘 해결해야 하리라 본다.

가정 폭력, 양육 태만

자녀 양육에 무관심하거나 심지어 자녀를 학대하는 부모도 있다. 어릴 적 폭력을 당하고 자란 아이가 은톨이가 된 전형적인 사례를 소개하면 다음과 같다.

C군은 대학교 1학년의 나이이지만 고등학교를 자퇴하고 밖에 나가지 않으면서 집에만 있은 지 약 2년 정도 된다. 병역 문제도 있고 이렇게 두어서는 안 되겠다는 C군의 어머니가 지역정신 건강복지센터로 상담을 요청해와 가정 방문을 실시하였다. C군의 아버지는 건설 노무직으로 알코올 중독 상태에서 집에서 부인과 C군의 형, C군 모두에게 자주 폭력을 쓰고 욕을 해댔다. C군이 초등학교 4학년 때 아버지가 사망하여 아버지 폭력으로부터 벗어났으나 엄마가 생계를 꾸려 가느라 집에 없는 사이에 네 살 위인 형으로부터의 폭력은 계속되었다. 초등학교 시절 체구도 작고 예쁘장하게 생긴 C군은 폭력적인 남자아이보다는 여자아이들과 어울려 지냈다. 그러다가 초등학교 5학년 때 여자아이들 사이에서 왕따를 당하기 시작했다. 왕따 주동자가 옆 반 담임 선생님의 딸이었는데 그 아이와 사소한 일로 말다툼하다가 가방을 내리쳐 담임 선생님으로부터 혼이 났다. 억울하게 자기만 혼났다고 생각한 C군은 학교를 안 가고 벽지에 칼로 담임 선생님 이름을 쓰고 긁는 행동을 보여 동네 정신건강의학과를 몇 번 간 적이 있었다. 여자아이들로부터 왕따를 당하자 남자아이들이 "너 남자 맞니? 고추 만져 보자."라며 놀리고 폭행하는 일이 자주 벌어졌으나 도와주는 친구가 없어 참고 지냈다.

C군은 중학교 2학년 때 교회에서 떠든다는 이유로 목사님에게 멱살을 잡힌 적이 있는데 이때 친구들 앞에서 인간 이하의 취급을 당했다는 수치심이 컸다. 이후로 교회에 안 갔고 교회에 가자고 하는 어머니에게 “미친년, 아줌마, 너”라는 호칭을 사용하면서 물건을 던지는 모습을 보였다고 한다. 교회 목사님이 직접 오셔서 사과도 했지만 용서할 마음이 안 들어 이후로 교회는 가지 않았다.

고등학교에 입학하여서 1학년 때는 몇몇 친구들과 잘 지내고, 같이 놀러 다녔다. 그러나 2학년 때 같이 다니던 친구를 통해 알게 된 친구가 돈을 달라는 요구를 거절하자 “계집애 같이 생겼네. 새끼 쪽도 못 쓰는 게.” “뒤져서 돈 나오면 너 죽는다.”라는 식의 협박을 했다. 그 친구가 싸움을 잘하는 것도 아니면서 자신만을 건드리자 너무 화가 났다고 한다. 따돌림당하기 싫어 참고 지낼 수밖에 없었고 집에 오면 샌드백을 치면서 화를 풀었다. 점점 괴롭히는 강도가 세지면서 C군의 결석 일수도 늘어났다. 그러다 2학기 개학하자마자 멱살 잡히는 것을 싫어하는 C군에게 그 친구가 멱살을 잡자 너무 화가 나서 그 친구에게 의자를 집어던지는 사건이 벌어졌다. 이후 C군은 학교와 학원에 다니지 않았고, 집에서만 지냈다. 학교에 가라고 하는 엄마에게 “그 새끼 죽여 버릴 거야. 칼로 목을 그어 버릴 거야.”라고 소리를 지르고 물건을 부수고 화를 많이 냈다. 처음에는 엄마에게 화를 낸다고 형에게 많이 맞았지만 지금은 건드리기만 해도 형에게 물건을 던지고 주먹으로 벽을 쳐서 형도 C군의 눈치만 보게 되었다. 어머니는 현재 우울증 치료를 받고 있으며 형 역시 은톨이 생활을 하고 있다. C군은 하루 종일 만화나 판타지 소설에 빠져 있고 무슨 얘기라도 하면 욕부터 했다. 어머니 소견에 따르면 남편의 술주정으로 아이들이 어릴 때 상처를 많이 받았고, 본인도 남편의 폭력을 피해 가출하거나 먹고 살려고 직장에 다니느라 아이들을 돌보지 못하고 방치했다고 하였다.

일본 히키코모리의 원인 중 부모의 가정 폭력이나 양육 태만에 의한 비중이 어느 정도일지는 잘 모르겠으나, 한국의 경우 부모의 가정 폭력이나 양육 태만이 은톨이 원인의 상당 부분을 차지하리라고 본다. 전형적인 예는 C군 사례에서 보듯이 아버지의 알코올 중독으로 인한 가정 폭력 문제이다. 이 경우 아이가 위축되고 주눅 들거나 사람들에 대한 분노와 피해사고로 학교, 직장 등 타인들과의 단체 생활에 적응하지 못하고 희생양이 되어 집으로 숨어들 가능성이 높다. C군의 경우 어릴 적부터 지속된 아버지와 형으로부터의 폭력, 초등학교 때 교사로부터의 폭력, 중학교 때 목사로부터의 폭력, 고등학교 때 또래에 의한 폭력에 지속적으로 노출되었다. 폭력의 결과는 C군과 같이 친구 관계를 잘 만들지 못하고 분노와 피해의식에 사로잡혀 단체 생활에서 용인되지 못할 정도의 폭발적인 행동으로 터져 나오게 되고 결국 단체 생활 부적응으로 집에 은둔하게 되는 것이다. 학대받은 자녀의 경우 성장하여 자신이 당한 만큼 집에 틀어박힌 채 부모에게 보복하거나 혹은 피해망상, 대인 공포로 은톨이가 될 가능성이 높다. 가정 내 부모의 자녀에 대한 폭력, 특히 부모의 알코올 중독은 이혼 가정, 갈등 가정, 한부모 가정, 학대 가정, 자녀 양육 방치 가정을 초래하여 자녀로 하여금 은톨이가 되게 하는 원인이 된다. 실제 2007년 은둔형 외톨이 사례집의 경우 아버지의 알코올 중독에 의한 가정 폭력 사례가 상당히 많았다.

학교 부적응

학교 부적응의 신호는 잦은 지각, 무단결석, 조퇴 등 학교 이탈 행동이며 최종 결과는 등교 거부이다. 등교 거부가 반드시 은톨이와 연결되는 것은 아니다. 은톨이의 전 단계로서 잦은 지각, 조퇴, 결석 등 학교 이탈 행위를 하는 이유를 살펴보면 다음과 같다.

① 또래 관계의 문제

학교에서 친구 없이 혼자 외롭게 지내는 것은 엄청난 고통이다. 아무도 상대해 주지 않는 존재감 없는 투명인간으로 취급 받으며 장시간을 학교에 있어야 하기 때문이다. 또 다른 또래 관계의 고통은 집단적 폭력, 왕따, 은따, 사이버 괴롭힘 등 다양한 용어로 불리는 집단적 따돌림이다. 아마 가장 흔한 등교 거부의 이유는 B양의 경우처럼 자신의 편이 되어 줄 친구가 하나도 없는 또래 관계의 부재

이다. 필자팀이 41명의 25세 미만 청소년 은톨이 사례를 분석하여 발간한 2006년 보고서에 따르면 사례 중 50%에서 현재 속마음을 털어놓고 대화할 수 있는 친구가 1명도 없었다고 하며 외톨이로 지냈음을 보고하였다. 반면에, 81.3%에서 사귀고 싶은 친구 수로 2명 이상을 원하고 있어, 현재 상태와는 다르게 속으로는 친구 등의 인간 관계를 맺고 싶어 한다는 점을 알 수 있었다. 또한 반이 넘는(56.3%) 은톨이가 학교에서 따돌림 혹은 괴롭힘을 당한 경험이 있었으며, 이 중 1/3은 따돌림이나 괴롭힘을 당한 경험이 직접적인 은둔 생활의 원인이 되었다고 하였다.

② 성적 스트레스, 시험 불안이 큰 아이들

시험 때만 되면 이유 없이 복통, 두통을 호소하여 결석을 자주 하는 아이들이 있다. 내면에는 성적 저하로 인해 자존심에 상처받을 것에 대한 두려움이나 부모의 처벌에 대한 두려움 때문에 우선 시험을 기피하려는 심리가 깔려 있다. 장기간 습관적으로 시험에 대한 기피 행위가 진행되면 부등교의 원인이 된다. 또한 또래보다 성적이 안 나올 경우 내신 등급을 우려하여 고등학교를 자퇴하는 경우를 시발점으로 은톨이가 되는 경우도 있다. 다음은 학업 성적 스트레스로 자퇴하고 검정고시, 재수, 삼수를 거치면서 대학입시 낭인으로 살다가 결국은 은톨이가 되어 병원을 찾은 전형적인 예이다.

D군은 중학교 때까지는 공부, 운동, 친구 관계에서 흠잡을 게 없

는 학생이었다. 성적은 반에서 5등 정도 하고 교내 육상선수였으며 농구, 배구, 축구 등 못하는 게 없었다. 좋은 학군으로 옮긴 고교 입학 후 기대치와는 달리 성적이 20등 언저리에서 맴돌자 초조해지기 시작하였다. 당시 또래 사이에선 내신이 안 좋을 경우 자퇴를 하고 검정고시를 보는 게 유행이었다. 어머니 역시 D군이 공부를 열심히 하기 위해 자퇴하겠다는 뜻을 받아들여 담임 선생님과 상의 후 자퇴하였다. 자퇴 첫해 열심히 학원에 다니고 과외 수업을 받아 대입검정고시 자격을 따고 대학입시를 보았으나 원하는 대학을 낙방하였다. 재수를 결심하고 학원에서 만난 여학생과 항상 같이 다니며 공부도 같이하였다. 여학생은 명문대에 합격하였지만 D군은 다시 낙방하였고 둘은 얼마 지나지 않아 헤어지게 되었다. 명문대 욕심이 있는 D군은 삼수를 한 후에도 성적이 안 나와 결국 지방대에 입학하였다. 1학기 내내 하숙집에만 머물고 학교를 가지 않아 학사경고를 받게 되었다. 놀란 부모님은 군대에 가면 철이 들겠지 하여 D군과 상의 끝에 입대를 시켰다. 10일 후 군대에 간 줄 알았던 아들이 뒤뜰 컨테이너에 있는 것을 부모가 발견하였다. 집에 오게 된 사유는 신체검사를 받던 중 성격 검사와 면담 과정에서 우울증이 발견되어 6개월 후 다시 오라는 귀가 조치 명령을 받았다는 것이었다. 징병 재검사 날짜가 다가오는데도 혼자 컨테이너에서 아무것도 안 하고 게임만 하는 아들이 걱정이 되어 부모와 함께 병원을 방문하게 되었다. D군은 고등학교 자퇴 후부터 일상생활이 흐트러지면서 여기까지 온 것 같다고 하며, 자기의 초라한 모습을 보이기 싫어 친구들을 안 만난다고 하였다.

③ 교사, 학교 규칙과 충돌하는 아이들

반항장애 성향이 있는 아이들은 자기가 보기에 '옳지 않다'고 판단되면 기존의 권위자인 교사에게 저항하거나 기존 규칙에 위반되는 행동을 하여 교사와 충돌한다. 더욱이, 이로 인한 장기간 수업 불참의 징계는 학교 이탈의 직접적 계기가 된다. 학교에서 교사와의 관계가 그렇듯이 집에서도 부모 혹은 부모의 권위와 충돌할 경우 학교에 안 가는 거부적인 행동을 강화시켜 학교 부등교로 이어진다. 다음 소개하는 E군의 경우가 전형적인 사례이다.

E군은 중학교 2학년 초에 담임 선생님과 충돌 후 학교를 안 가는 문제로 부모에 의해 강제로 병원을 방문하였다. 첫 면담 시 화가 난 표정으로 자기에게는 아무 잘못이 없는데 왜 병원에 와야 되느냐고 주치의에게 따져 물었다. 면담 결과, 나름대로 주장과 논리가 있었으며 핵심감정은 억울함이었다. 특히 E군은 친구와 비교해 자신이 당하는 불공정과 교사의 과잉통제에 대한 "왜 꼭 그렇게 해야 되느냐?"라는 반발이었다. 주치의는 "네 말이 맞지만 네가 고쳐야 할 것은 흥분하지 않고, 화내지 않고 너의 생각을 차분히 상대방에게 이야기하는 것이야."라는 점을 강조한 치료를 시행하였다. 점차 치료에 협조적이 되면서 본인의 생각만 옳다고 생각하지 말고 타인의 입장, 타인의 주장에 귀를 기울이는 폭넓은 시야와 융통성을 강조하고 상대방에 대해 칭찬과 감사함을 가져야 한다는 점을 강조한 치료를 시행하였다. 다행히 중학교 3학년이 되서는 포용적인 담임 선생님을 만나 학교에 잘 다녔으며, 지방으로 이사를 가게 되어 자연히 치료

가 종료되었다. 문제는 6개월 후 고등학교 입학 후 학교에서 교사와 크게 충돌하여 다른 학교로 강제 전학 가게 되었고 E군은 억울하다며 등교를 거부하고 부모와 대화를 거부한 채 방 안에만 두 달이 넘도록 있는 문제로 보호자가 다시 병원을 방문하였다는 것이다.

④ 정서적으로 불안정한 아이들

우울증 및 그 밖의 정신 질환 때문에 등교 거부를 하는 아이들이 있다. 우울증을 겪는 아이들은 무력감과 의욕 상실의 증상을 많이 보이며 아침에 일어나기가 힘들어 지각이 잦아지고, 그러다 보면 학교를 가지 않으려고 하는 경우가 많은 것이다. 이 밖에 대인공포증, 집 밖에서는 말을 안 하는 선택적 함구증 등 정신건강의학과적 질병으로 대인 관계를 기피하여 등교 거부를 하는 경우들이 있다. 정서적 문제가 있는 경우는 정신건강의학과적인 치료가 우선의 해결책이다(제18장 참조).

⑤ 기존 교육시스템 거부형

학교 교육에 대한 불만을 호소하며 등교를 거부하는 아이들은 다양한 이유를 댄다. 다른 아이들과 도저히 수준이 맞지 않아서 학교를 다니지 못하겠다, 학교에서 받는 교육은 쓸데없는 것이 너무 많다, 이거 해라 저거 해라 또는 이거 하면 안 된다 등 너무 구속이 많다, 할 일이 너무 많은데 학교에서는 아무것도 할 수가 없다, 내 적성을 일찍 찾아 학교 밖 전문가에게 교육을 받겠다 등을 호소하는 아이들이 있다. 자기가 원하는 전문 교육 학원을 가거나 성인 동아리 모임을 찾아 제3의 길을 가지만 다른 곳에서도 좌절할 경우 집에 박혀 버리는 은톨이가 될 가능성이 높다. 주로 자기애성(narcissistic) 성향을 가진 성격 소유자(제19장 자기애성 성격장애 참조)나 특정 분야에만 관심이 제한된 자폐 성향의 성격 소유자들이 학교 교육을 거부한다.

⑥ 게임 중독에 빠진 아이들

밤새 게임 후 아침에 늦게 깨어 지각, 결석을 자주 하다 보면 아예 등교를 거부하고 집에 박혀 세 끼를 라면으로 해결하는 삼시면식, 낮에 자고 밤에 활동하는 주침야활 생활로 접어든다. 일본과 비교해 우리나라에서 게임 중독이 학교 부등교의 문제가 되는 원인은 한국은 초고속 인터넷망이 집에 깔려 게임하기가 좋은 여건이기 때문이다. 이러한 특성은 일본의 학교 부등교 원인을 히키코모리로 먼저 생각하지만, 우리나라의 경우 학교 부등교 원인의 가장 큰 비중을 차지하는 것을 한때는 게임 중독으로 보았다. 그러나 실제 다른 문제가 없는 순수한 게임 중독자들은 은톨이처럼 방에 은둔하지 않고 게임하기 최적의 장소인 PC방에서 죽치고 지낸다. 따라서 게임 중독이 은톨이의 원인이라기보다는 은톨이의 경우 방에서 따로 할 게 없기 때문에 자연히 게임에 빠질 수밖에 없는 결과로 보인다.

직장 부적응, 구직 실패

이소베 우시오의 책 『스타벅스로 간 은둔형 외톨이』(2009)에 소개된 23개의 사례 대부분이 집을 떠나 대도시 대학 입학 초기에 학교 부적응을 보여 수업에는 참석 안 하고 하숙집에 틀어박혀 지낸다든지, 첫 직장 입사 후 동료들과 교류 없이 지내다가 직장 상사의 비난, 직장 상사와의 충돌 후 갑자기 출근을 안 하고 집에 박히는 히키코모리의 사례가 주를 이룬다. 2016년 내각부에서 발표한 히키코모리가 되는 이유는 직장 부적응(23.7%), 질병(23.7%), 구직 실패(20.3%), 등교 거부(11.9%), 대인 관계의 어려움(11.9%), 대학 적응 실패(6.8%)의 순서와 유사하였다.

따라서 은톨이가 되는 과정은 어려움을 회피하거나 남 앞에 수줍음을 타는 타고난 성격적 요소, 사람들과 어울리는 긍정적 경험이 부족한 환경에서 성장하여 친구를 못 사귀고 외톨이로 지내게 만든 가정 환경적 요소, 부모의 과잉보호 · 과잉간섭으로 인해 혼자 독립하지 못하고 의존적이며 외부 스트레스에 대한 대처 능력 부재 요소가 한데 어우러져 학교, 직장에 적응하지 못하고 홀로 지내다 결국은 대인 관계 혹은 업무 스트레스를 못 견디고 안전한 엄마의 자궁 속으로 회귀하듯이 집으로 숨어드는 것이다.

16

은톨이와 정신 질환자의 차이

이 질문에 대한 필자의 답은 한마디로 사람마다 다르다는 것이다. 병인 경우도 있고, 아닌 경우도 있다. 병의 종류도 사람마다 다르다. 왜냐하면 미국정신의학회의 정신질환의 진단 및 통계 편람(DSM-5)이나 국제질병분류(ICD-11) 어디에도 은톨이란 진단명은 없다. 은톨이란 두통과 마찬가지로 하나의 현상일 뿐 원인 진단명은 무수히 많다. 두통의 진단명은 뇌암부터 가벼운 신경성 두통까지 매우 다양하고, 치료법은 원인 진단에 따라 전혀 다르기 때문이다. 은톨이의 경우도 두통과 같다고 생각하면 된다.

1990년대 초기 일본 사회학자들은 히키코모리를 병이 아닌 일본 사회가 겪고 있는 일본 특유의 사회 현상으로 보았다. 점차 사회학자들에서 정신건강의학과 의사로 치료에 대한 관심이 옮겨지면서 초창기 정신건강의학과 의사들은 '히키코모리란 일본 특유의 사회가 만들어 낸, 일본에만 존재하는 문화정신 질환이다'라는 인식으로 바뀌었다. 문화정신 질환이란 다른 나라에는 볼 수 없는 특이한 정신 질환으로 규정된다. 우리나라의 '화병'이 한국인의 대표적 문화정신 질환으로 거론된다. 화병이란 우리나라의 유교, 가부장적인 문화에서 여성들이 억눌려 속으로만 참고 지내다 보니 화가 되어 불덩이가 온몸을 휘젓고 돌아다니며 통증과 작열감을 일으킨다는 병으로 여러 과에서 여러 검사를 해 보지만 모두 정상으로 나온다. 나중에야 울화병 혹은 우울증 진단하에 정신건강의학과 치료를 받고 좋아지는 병이다. 점차 정신건강의학과 의사들이 히키코모리의 부모와 환자를 가까이 상담하게 되면서 히키코모리의 원인이 다양한 정신 질환으로부터 온다는 사실들을 접하게 되고, 히키코모리가 일본에만 있는 특유의 문화병이 아니고 한국, 서양권에도 유사한 사람들이 있음을 알게 되었다.

2009년 『스타벅스로 간 은둔형 외톨이』의 저자 정신건강의학과 의사 이소베 우시오는 '넓은 의미의 히키코모리' '좁은 의미의 히키코모리'란 용어를 사용하였다. 그는 다음과 같이 좁은 의미의 히키코모리 세 항목의 기준을 제시하였다. 첫째, 6개월 이상 집에 은둔하면서 자신에게 필요한 최소한의 활동만 하고 아무 일도 안 하는 상태로 지내며, 둘째, 본인도 은둔 상태에서 벗어나고 싶어 하지만 빠져나오지 못하며, 셋째, 히키코모리가 다른 정신 질환에 의한 증상이 아닌 경우라 하였다.

'좁은 의미의 히키코모리'에 속하는 대표적 DSM-5 진단명은 사회불안장애(social anxiety disorder), 회피성(avoident) · 조현성

(schizoid) · 자기애성(narcissitic) · 경계성(borderline) 성격장애와 DSM-5 진단명에는 없지만 일본의 일부 정신건강의학과 의사들이 아직 사용하는 퇴각신경증(student apathy)이다. 좁은 의미의 혹은 진정한 은톨이의 가장 흔한 정신 질환은 사회불안장애와 회피성 성격장애이다. 참고로 조현성 성격장애는 대인 관계 없이 혼자 조용히 지내는 것을 좋아하는 성격이므로 현재의 은둔 상태에서 벗어나려는 강력한 의지는 없다.

이소베 우시오의 '넓은 의미의 히키코모리' 진단기준에는 정신 질환(조현병, 우울장애, 강박장애, 공황장애 등)의 동반 유무와 상관이 없고, 심지어 당사자가 필요에 의해 원하여 은둔하는 경우도 포함시켰다. 즉, 은둔 생활을 의미하는 기준인 첫째 항목에만 해당하면 된다고 하였다. 정신건강의학과 의사들이 넓은 의미와 좁은 의미를 구분하는 데에는 이유가 있다. '넓은 의미의 히키코모리(은톨이)'란 대중들에게 통계에 잡히는 숫자가 많아지므로 사회적 관심을 유발하며, 정책을 입안하는 통계 처리 측면에서 유리하다. '좁은 의미의 히키코모리'는 정신 질환에 의해 발생한 은둔이란 것이 면담 과정 중에서 밝혀지면 히키코모리에서 탈락시켜 버린다. '좁은 의미의 히키코모리'에서 정신 질환을 발견하고 히키코모리에서 탈락시키는 이유는 각 정신 질환에 따라 맞춤 치료를 하여야 하기 때문이다. '좁은 의미의 히키코모리'란 진성 혹은 진짜 히키코모리에 해당되며 오랜 기간을 통해 형성된 개인의 생활 방식, 성격적 측면이 핵심이 된다. 따라서 적극적인 정신건강의학과적 치료의 필요성, 특히 정신 약물 투여가 절박한 대상군이 아니다.

필자는 '넓은' '좁은'이란 용어보다 모든 의학적 질병 분류에 널리 사용하는 '1차' '2차' 용어의 사용을 제안하고자 한다. 예를 들어, '본태성 고혈압'이라고 부르는 '1차성 고혈압'은 별다른 원인 없이 체질적으로 나이가 들면서 혈압이 높은 경우를 이야기하고 '2차성 고혈압'이란 신장 질환, 부신 종양 등 원인 질병으로 인해 고혈압이 된 경우를 이야기한다. 1차성 고혈압은 혈압을 낮추는 약을 사용하면 되지만, 2차성 고혈압은 원인 질환인 신장 질환, 부신 종양 치료를 우선해야 한다는 치료상의 명백한 차이가 있다.

'은톨이는 모두 정신 질환자인가?'라는 질문에 대한 필자의 답은 한마디로 생활 방식이나 성격적 측면이 주된 '1차성 은톨이'인 경우에는 병이 아니라고 할 수 있으나 은톨이를 만드는 정신 질환이 있는 '2차성 은톨이'라면 정신 질환을 우선 치료하여야 한다. 따라서 1, 2차 구분은 매우 중요하다.

17

치료 방향 결정에 있어서 1차성, 2차성 은톨이 구분의 중요성

'1차성'이란 원래, 본래, 이유 없이 일어나는 현상을 뜻하고, '2차성'이란 분명한 이유 때문에 생긴다는 뜻으로 의학에서도 널리 쓰이는 용어이다. 필자의 견해와 이소베 우시오의 견해를 일견 비교해 보면 '좁은 의미의 히키코모리'는 필자의 '1차성 은톨이'에 해당되고, '넓은 의미의 히키코모리'는 필자의 1, 2차 은톨이를 합친 것이라 할 수 있다. 필자와의 의견 차이는, 이소베 우시오는 사회불안장애를 정신 질환이 없는 '좁은 의미의 히키코모리'로 분류하였다는 점이다. 필자의 경우 사회불안장애는 어릴 적부터 수줍음을 많이 타는 성격적 측면이 많은 질환이지만 DSM-5 분류상 엄연히 불안장애에 속하는 정신 질환이므로 진정한 히키코모리 집단, 좁은 의미의 히키코모리 집단에서 배제하여야 한다고 본다. 즉, 정신 질환이 원인인 '2차성 은톨이' 집단에 속해야 한다고 본다. 사회불안장애는 약물 치료, 인지 행동 치료에 의해 단시간에 호전이 가능하기 때문이다. 사실, 사회불안장애를 무엇으로 분류하느냐는 그리 중요한 것은 아니다. 사회불안장애가 워낙 히키코모리에서 큰 비중을 차지하기 때문에 좁은 의미의 히키코모리에서 사회불안장애를 정신 질환이라는 이유로 제외시킨다면 별로 남는 게 없다는 현실적 문제에 봉착하게 된다는 점을 감안하면 이소베 우시오의 분류를 이해하게 된다.

은톨이가 의심되는 당신의 자녀 혹은 당신이 '○○병이다'라는 말을 들으면 충격을 받을지 모르나 한편으로는 ○○병이라는 원인을 알게 되어 해결책이 나왔다는 희소식이 될 수도 있다. 왜냐하면 정신 질환의 경우 치료법 발달로 단기간에 약물 투여나 인지행동 치료로 호전을 볼 수 있지만 1차성 은톨이처럼 질병이 아닌 성격적인 측면이 많은 경우는 오히려 치료 방법이 제한적이고 큰 변화 없이 장기적으로 평생 지속할 가능성이 많기 때문이다.

요약하자면, 정신 약물 치료가 반드시 필요한 정신건강의학과적 문제를 동반한 경우를 2차성 은톨이로 보면 된다. 여기서 한 가지 강조할 점은 동반 정신 질환이 은톨이가 된 이유가 되는지 아니면 은톨이가 오래되다 보니 그 결과로 정신 질환이 생긴 것인지 대부분은 구별이 안 된다는 것이다. 따라서 현시점에서 정신 약물 치료가 도움이 된다고 판단되면 약물 투여를 반대할 이유는 없다. 평생 약물을 투여할 것도 아니고 대부분 치료 초기에 투여하다가 증세가 호전되면 언제든지 중단할 수 있기 때문이다.

18

은톨이에게서 발견될 가능성이 높은 정신 질환

이소베 우시오는 그의 책에서 히키코모리와 감별 혹은 공존할 가능성이 흔한 정신 질환이 사회불안장애, 조현병, 우울장애, 강박장애, 공황장애라 하였다. 규슈 의과대학 가토 교수는 여기에 더하여 외상 후 스트레스 장애, 자폐스펙트럼장애, 지적 장애를 포함시켰다. 2006년 필자가 중심이 되어 41명 은톨이의 부모에 대한 면담을 통해 은톨이 자녀의 정신건강의학과적 진단을 내렸는데 그 결과는 매우 다양했다([그림 8] 참조).

은둔 현상을 보이는 내담자들에서 적대적 반항장애, 범불안장애, 주의력결핍 과잉행동장애, 사회공포증, 양극성장애, 섭식장애, 품행장애 등에 대한 진단적 평가가 필요함을 알 수 있다.

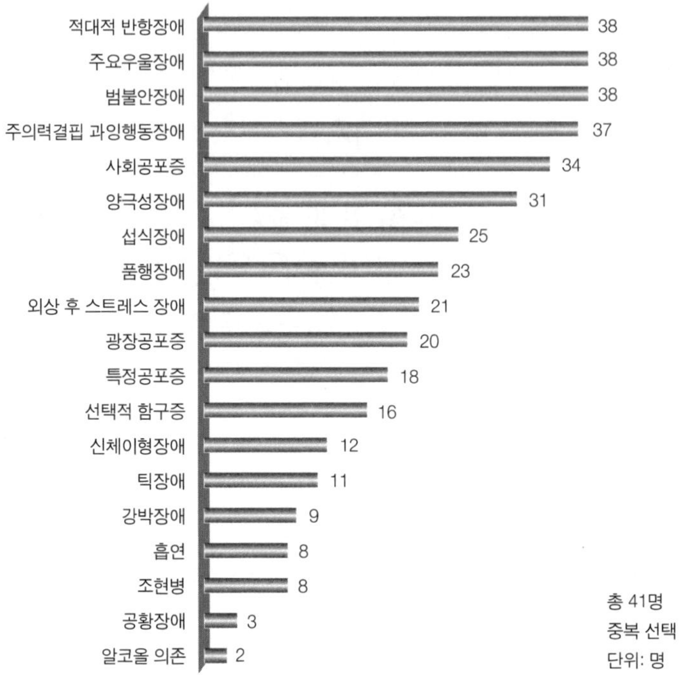

[그림 8] 부모 작성 자녀 진단 설문 (이영식, 2006)

진단 도구는 DISC-IV(Diagnostic Interview Schedule for Children Vevsorn IV)의 간단형인 디스크 질문지(DISC Predictive Scales Version 4.32, DPS)의 부모 작성용 설문이었다. 이 검사 도구는 주로 아동 · 청소년의 정신장애 선별 도구로 사용된다. 본 연구 결과의 특이점은, 우울장애, 불안장애가 가장 흔한 정신적 문제인 것은 다른 연구들과 유사하지만 적대적 반항장애, 주의력 결핍 과잉행동장애(ADHD)의 비율이 매우 높았다는 점이다. 적대적 반항장애가 높은 것은 부모와의 대화를 끊고 부모 지시에 따르지 않는 은톨이의 특성을 반영한 것으로 여겨진다. ADHD가 높게 나온 것은 인터넷 중독에서는 널리 알려진 사실이지만, 은톨이에게서 높게 나온 이유는 추후 생각해 볼 문제이다. 어릴 때 ADHD인 아동이 커 가면서 따돌림의 희생자가 된다는 연구 결과를 통해 유추해 보면 ADHD 은둔 유발 요인이 되기도 하는 것 같다. 이 외에도 섭식장애, 품행장애 등 다양한 정신 질환이 존재함을 알 수 있었던 연구였다(Bong S. H. et al., 2021).

다음은 2차성 은톨이들의 전형적 사례들이다.

사회불안장애, 사회공포증

20세 F군은 재수하여 대학교에 입학하였으나 거의 학교를 안 가고 몇 개월째 집에만 있는 문제로 병원을 방문하였다. F군은 정신건강의학과 치료의 필요성을 잘 알고 있었지만 차일피일 병원에 오는 것을 미루고 버티다가 병원에 오게 된 직접적인 이유는 휴학용 진단서를 발급받기 위해서다. 또한 내년에는 징병 신체검사를 앞두고 있어 해결책을 찾고자 하는 목적도 있었다. 면담 시 모기만한 크기의 목소리로 시선을 회피한 채 더듬더듬 이야기를 하고 주로 답변은 동반자인 어머니가 하였다. F군은 초등학교 입학 시 학교를 안 가려고 하여 엄마가 몇 달간 아이를 교실까지 데려다주느라 애를 먹은 적이 있었다. 초등학교 5학년 때까지 집에서는 수다스럽게 떠드는 아이가 학교에서 선생님 질문이나 아이들과 일체 말을 안 하는 문제로 몇 차례 담임 선생님들과 상담한 적이 있었다고 하였다. 당시 인근 대학 병원 정신건강의학과를 방문하였더니 '선택적 함구증'이란 이야기를 들었다고 하였다. 공부는 그런대로 상위권으로 고등학교 1학년 때까지 별 탈 없이 학교를 다녔다. 고등학교 2학년에 올라간 뒤 친한 친구와 헤어지게 되었다. 학년이 바뀔 때마다 새로운 아이들과 사귀는 것이 무척이나 어려웠던 F군은 다시 혼자가 되었다. 친구들과 친하게 지내고 싶었지만 말을 걸어오는 친구도 없고, 어떻게 먼저 이야기를 해야 할지 몰라서 혼자 외톨이로 지내게 되었다. 하루는 수업 시간에 선생님이 책을 읽어 보라고 하여 자리에서 일어났지만 목소리는 거의 나오지도 않고 얼굴이 달아올라 무엇을 읽었는지도 모르고 그냥 앉아 버렸다. 그 이후로는 더욱 아이들 앞에서 움츠러 들고 자신의 목소리가 떨리는 것을 남들이 알아챌까 봐 말을 제대로 할 수가 없었다. 등굣길이나 전철에서도 사람들이 다 자신만 쳐다보며 걸음걸이나 얼굴 표정이 이상하다는 등 놀릴 것만 같아서 상대방 얼굴을 쳐다보지도 못하고 고개를 숙인 채 아예 땅만 쳐다보고 정신없이 집에 돌아오곤 하였다. 학교는 꼭 가야 하기 때문에 억지로 가지만 수업 시간보다 쉬는 시긴에 혼자 멀뚱히 있는 것이 가장 괴로웠고 수학여행이나 단체 활동은 거의 참여하지 않았다. 겨우 고등학교를 마치고 재수 학원을 다닐 때도 이러한 생활을 지속되었으나 고등학교에 비하면 편했다고 하였다. 대학에 입학하여 자기소개, 그룹 발표, 동아리 활동 술자리 등 모임이 많아지면서 처음에는 용기를 내어 억지로 참여도 해 보고 술의 힘을 빌려 보기도 하였지만 너무 긴장하여 심장이 마구 뛰고, 얼굴이 빨개지고, 창피할 정도의 실수를 한 것 같아 점점 학교를 안 나가게 되었다. 시험은 그런대로 보아 학점은 나왔으나 2학기 등록을 앞두고 도저히 학교에 다닐 자신이 없고, 집에만 있다 보니 요즈음은 동네 편의점을 갈 때도 나를 알아볼 것 같은 사람들 시선이 두려워 인적이 뜸한 이른 새벽이나 밤에만 다닌다고 하였다.

F군의 경우는 DSM-5의 사회불안장애 혹은 사회공포증(社會恐怖症, social phobia)에 해당된다. 흔히 '대인공포증', 남들이 나를 유심히 쳐다본다고 착각하는 '주시공포증', 얼굴이 홍당무같이 빨개지는 것에 대한 공포증을 뜻하는 '적면공포증(赤面恐怖症)'으로도 불린다. 사회불안장애의 특징은 당혹감이 일어나는 사회적 상황에 대해 현저하고 지속적인 두려움을 가지며, 이런 상황에 직면 시 거의 예외 없이 즉각적인 불안 반응을 일으킨다. 본인은 이런 불안이 자기가 만들어 낸 쓸데없는 불안이란 것을 알지만 막상 사회적 상황에 부딪히기가 두려워 회피하게 된다. 이로 인해 일상생활, 학업, 직업 또는 사회적 활동이나 대인 관계 형성에 심각한 장애를 초래하게 된다. 사회공포증은 어느 날 갑자기 생길 수도 있고, F군과 같이 어릴 적 엄마와 떨어져 학교를 안 가는 분리불안장애, 남 앞에서 말을 안 하는 선택적 함구증, 친구를 못 사귀고 외톨이로 지내던 중 특정한 일이 계기가 되어 발생할 수 있다.

사회공포증을 경험하는 사람들은 당혹스러운 표정이나 행동이 남들한테 알려져 그들이 나를 나약하고, 바보 같고, 멍청하고 정신이상자라고 생각할까 봐 두려워한다. 손 떨림이나 떨리는 목소리와 표정을 남들이 알아차릴까 봐 발표하기를 두려워한다. 사회공포증이 있는 사람들은 공포스러운 상황에서 거의 언제나 불안 증상(예: 심계항진, 떨림, 땀 흘림, 위장관 장애, 설사, 근육 긴장, 뺨 붉힘, 혼란)을 경험하며, 심한 경우 공황 발작까지도 나타날 수 있다. 드러나는 양상은 문화마다 차이가 있다. 동양 문화권에서는 당혹감보다는 타인을 화나게 만들었다는 데 대한 지나친 두려움을 느끼며 이러한 두려움은 뺨 붉힘, 눈 맞춤 또는 몸 냄새가 타인을 불쾌하게 하지나 않을까 하는 극심한 불안의 형태로 나타나기도 한다. 발표나 출석에 대한 회피로 학점이 미달되기도 하고 결국 F군과 같이 휴학을 반복하다 자퇴할 가능성이 높다. 직장인의 경우 어렵게 면접을 통과해도 남 앞에서 발표, 토의하는 상황이 힘들어 사직하게 된다. 실직하고서도 구직 면담이 힘들어 일자리를 포기하고 친구가 없거나 이성과의 데이트도 회피하고 집안에서 가족들 곁에만 머무르려 한다.

치료는 크게 정신 치료, 약물 치료, 인지 행동 치료, 가족 치료 등 다양한 방법이 있는데 가장 지지를 받고 있는 것은 약물 치료를 동반한 지지적 정신 치료이다. 항상 약물 치료가 필요한 것은 아니며, 극심한 불안으로 단체 생활 적응에 많은 어려움이 있다면 일시적으로 항우울제나 항불안제 등 적절한 용량의 약물의 도움을 받는 것도 하나의 방법이다. 또한 타인에 대한 왜곡된 인식의 교정, 불안을 야기하는 상황에 적절히 노출하고 훈련을 하는 체계적 둔감 요법, 숙제를 통한 지속적인 연습이나 역할 바꾸기 또는 수행 등의 인지 행동 치료 방법 등이 있다. 청소년의 경우 적절한 사회적 기술이 발달되지 않은 경우가 많으므로 구체적인 사회적 기술 등을 포함한 사교술을 제시해 주는 사회 기술 훈련(social skill training)도 도움이 된다.

주요 정신증: 조현병, 양극성장애, 주요우울장애

'major psychosis'를 번역하면 '주요 정신증'이다. 주요 정신증에는 조현병과 양극성장애, 주요우울장애가 있다. 다음에서 설명하는 G군, H양 두 사람은 정신적 문제가 있어 반드시 약물 복용이 필요한 은톨이들이다. 다행히 두 사람 모두 가족과 잘 소통하고 부모를 통해 병원 처방약물을 잘 복용하고 있는바, 병원에는 안 오지만 주변 사람에게 부담을 주지 않고 자기 관리를 하면서 사는 경우이다. 다만, 지역사회에서 누군가 좀 도와주면 집 밖으로 나와 사회 활동을 하며 지금보다 훨씬 더 풍부한 생활 경험을 할 수 있을 텐데 하는 아쉬움을 가지게 하는 상태이다.

G군은 32세 남자로 수년 전부터 병원 외래를 통해 정신약물을 처방받는 조현병 환자이다. G군이 처음 아버지와 같이 병원을 방문한 것은 5년 전이다. 당시 병원을 방문한 이유는 군대도 잘 갔다 온 G군이 대학 복학 첫 학기에 무슨 이유인지 모르게 학교를 안 가고 자퇴를 한 채 집에 틀어박혀 집과 연결된 문방구점까지만 외출하여 가게 물건을 팔며 지냈다고 하였다. 그러던 중 수개월 전부터는 아예 외부인과 접촉을 피하고, 방에 커튼을 내린 채 컴컴한 방에서 나오지 않는다는 것이었다. 면담 결과, 동네 사람들이 자신을 비웃고 욕하

는 소리가 들리며, 자신의 행동을 일거수일투족 감시한다는 것이었다. 골목길로 지나가는 사람들이 자신이 들으라는 듯 '퉤퉤' 침을 뱉거나 발로 쿵쿵거리고 지나가며 조롱하는 듯한 사인을 주기 때문에 창문을 닫고 커튼을 내려도 불안하다고 하였다. G군은 이렇게 된 이유를 몇 달 전 여자 손님과 안 좋은 일이 있었기 때문이 아닌지 의심하였다. 담당 의사는 환청, 주시망상, 관계망상, 피해망상을 보이는바 조현병 진단하에 향정신병 약물을 투여하였다. 외래 치료를 꾸준히 시행한바, 예전처럼 문방구점 손님들을 다시 상대하고, 집 밖을 나와 대중교통으로 버스나 지하철을 타고 혼자 친척 집에도 왕래할 만큼 호전되었다. 병이 다 나았다고 생각한 G군은 약을 안 먹고 병원 방문도 거부한 지 9개월 만에 다시 상태가 나빠져 동네 사람들이 감시하고 욕을 한다고 방에서 나오지 않더니 급기야 누가 잡으러 온다며 모텔로 피신하려 하여 진정시킨 채 아버지만 외래 상담을 오게 되었다. G군은 절대로 병원에 오지 않으려 하기 때문에 우선 약만 타

가기로 하고 차차 나아지면 예전 같이 병원에 오리라고 생각하였으나 벌써 1년 넘게 다음 달에는 꼭 병원에 간다고 말만 할 뿐 아버지만 병원에 와서 약을 타 가는 일이 지속되고 있다. 약은 자기가 알아서 챙겨 먹는다고 하였다. 학창 시절에도 친한 친구가 거의 없이 외톨이로 지내던 G군은 타인과 접촉이 거의 없으며 현재는 방에서 나와 문방구에서 손님을 마주하고 인적이 드문 새벽엔 가게 물건도 진열하고 가게 앞길까지는 청소하는 정도로 행동 반경이 나아졌다고 하였다. 하지만 여전히 집 밖 외출은 안 한다고 하며 병원 역시 1년이 지나도록 부모에게 약만 타 오라고 할 뿐 오지 않고 있다.

평소 조용하고 모범생이던 H양은 재수하여 집 근처 대학에 입학하자마자 신입생 오리엔테이션, 동호회 MT에 간다고 밤늦게 귀가하더니 점차 외박 횟수가 늘고 밤늦게 귀가하여 밤새 잠을 안 자고 떠드는 행동을 보이기 시작하였다. 그러던 어느 날 남자 친구가 배신을 했다며 횡설수설하고 흥분하여 집안 물건을 부수고 웃다가 울다가 밤새 떠들어 어머니와 병원을 방문하게 되었다. 담당 의사는 쉴 새 없이 떠들고 행동이 분주한 H양을 면담한 결과, 양극성장애의 조증 상태라 판단되었다. 특히 어머니 동생인 환자의 외삼촌이 양극성장애 치료를 받고 있다는 점이 담당 의사의 진단 결정에 힘을 실어주었다. H양이 입원을 극구 반대하였지만 다행히 약물 복용엔 별 저항을 보이지 않아 통원 치료를 진행하여 치료 한 달 후 어느 정도 평온을 되찾게 되었다. 그러나 이때부터 H양은 병원 방문은 물론 집 밖 외출을 안 하고 방에서 나오지 않는 은톨이가 되었다. 추측하건

데 자신이 조증 상태에서 벌인 일들이 창피해서 그런지 학교도 자퇴하고 한동안 우울증에 빠진 듯 방에서 꼼짝 않고 지낸 적도 있었다. 주로 우울하게 지내지만 가끔 기분이 좋을 땐 음악을 틀고 혼자서 춤도 추고 자신이 좋아하는 가수 공연을 동생과 보러 가겠다고 하지만 말뿐이고 막상 간 적은 없다고 하였다. 다행히 가족과는 잘 지내는 편으로 기분이 좋을 땐 모자를 푹 눌러쓴 채 집 근처 노래방, 음식점은 가족과 함께 외출하지만 혼자선 편의점도 안 가고 택배원도 안 만난다고 하였다. 요즈음은 운동 부족에 정신건강의학과 복용 약물 탓인지 체중이 불어나 체중기와 거울을 자주 본다고 하였다. H양 역시 1년이 지나도록 부모가 약만 타 갈 뿐 병원에 오는 것은 거부하고 있다.

G군은 조현병, H양은 양극성장애 환자이며 동시에 은톨이 생활을 시작한 지 1년이 넘었다. 조현병의 급성기에서는 피해망상에 의한 대인공포로 일시적으로 사람을 피하는 시기가 있을 수 있지만, 회복기에 접어들어서도 지속적으로 사람을 피해 은둔하는 생활을 하는 것은 G군의 조현성(schizoid) 성격과도 관련이 있다고 본다. 양극성장애에서 H양의 경우와 같이 은톨이 생활을 하는 것이 흔한 경우는 아니다. 조증 시기에 벌인 자신의 행동에 대한 창피함, 조증에 이어 발생한 우울증, 체중 증가로 인한 외모 열등감이 복합적으로 작용하여 은톨이 생활을 지속한다고 보인다. 아마 H양의 마음속에는 자신이 현재보다 더 나아진 상태에서 짠하고 세상에 등장하고 싶은 것이 아닌가라고 생각된다.

주요우울장애

30대 I양은 다니던 회사를 그만두고 퇴직금과 친척들에게 빌린 돈으로 커피 가게를 열었다. 처음에는 그런대로 되다가 옆에 경쟁 가게가 들어서고 코로나 사태로 근처 회사 사람들이 재택근무로 돌아서면서 고객이 줄어들어 1년 만에 가게 문을 닫게 되었다. 가게 문 닫기 전에는 불안해하고 초조해하면서 안절부절못하며 지냈으나 막상 가게 문을 닫고 나서는 "다 끝났다, 전부 내 잘못이다. 사람들을 볼 면목이 없다."라며 모든 것을 포기한 듯 가게 뒤처리도 안 하고 전화도 차단한 채 식음을 전폐하고 방에 틀어박혔다. 어머니가 전화도 안 받는 딸이 걱정이 되어 집에 들르면 멍하니 꼼짝도 않고 천장만 보고 누운 채로 있었다. 병원에 가자고 하면 차라리 죽겠다고 협박하였다. 그나마 간호사인 언니가 링거를 놔 주는 덕분에 버텨 왔으나 벌써 세 달째 이 상태가 계속되어 보호 입원을 고려하던 중 등에 욕창이 생기고 이로 인한 고열이 발생하여 응급실을 통한 보호 입원이 이루어졌다.

우울장애는 은톨이 발생의 원인인 동시에 장기간 은톨이 생활을 하면 필수적으로 생기는 결과이기도 하다. 일반적으로 우울증은 I양과 같은 단극성 우울증보다 양극성장애 H양의 경우처럼 양극성 환자의 우울기에 더 심하다고 알려져 있다. 하지만 주요우울장애에서도 I양과 같이 고정된 자세로 장시간 있을 경우(긴장병, catatomia) 혈액순환장애나 욕창으로 인한 폐혈증과 같은 응급 상황이 생길 수 있다.

공황장애, 광장공포증

40대 여자 J양은 5년 전 남편하고 이혼하고 혼자 사는 여자이다. 5년 전만 하더라도 직장 생활도 잘하였다고 한다. J양은 갑자기 혼잡한 지하철, 버스에서 숨이 막혀 금방 죽을 것 같은 공황 발작으로 응급실을 수차례 방문한 적이 있었다. 이후 사람이 북적이는 장소에 가면 가슴이 답답해 오고 이러다 쓰러지면 어떡하나 하는 공포로 집에만 있게 되었다. 집에 옷 수선할 일감을 가끔 가져다주는 언니 이외에는 외부인과의 접촉이 전혀 없는 생활을 1년째 이어 가고 있다고 하였다. 혼자서는 전혀 외출을 못하고, 간혹 나갈 일이 있으면 언니와 함께 마을버스 정거장 정도의 익숙한 장소까지만 이동이 가능하다고 하였다.

광장공포증(agoraphobia)은 광장을 의미하는 그리스어인 'agora'와 공포증을 말하는 'phobos'의 합성어이다. 광장공포증은 백화점, 시장, 공원과 같이 사람이 많은 탁 트인 공간 혹은 반대로 버스, 지하철, 영화관, 사우나, 터널 같은 밀폐된 공간, 혹은 정체된 차 속, 차례를 기다려야 하는 긴 줄에 혼자 있는 상황에서 갑자기 숨이 멎을 것같은 극심한 불안과 공포를 느끼며 이런 상황이 예상되면 미리 피하는 행동을 한다. 대개 공황장애를 경험한 후유증으로 발생하나 드물게는 공황장애와 상관없이 광장공포증이 발생하기도 한다. 공황장애, 광장공포증이 동반되어 외출을 못하고 은둔 생활을 하는 경우 세로토닌 재흡수 차단제(Selective

Serotonin Reuptake Inhibitor: SSRI), 알프라졸람 같은 약물 치료, 행동 치료를 같이 시행하여야 한다.

강박장애

수년간 골방에서 틀어박혀 살았던 36세 여성 K양은 "다시 밝은 세상으로 나오고 싶다"며 tvN 프로그램 〈화성인 바이러스〉의 문을 두드렸다. K양은 "30세가 되던 해, 심한 중압감과 스트레스로 인해 은톨이 생활을 하게 됐지만 이제 새로운 삶을 살고 싶다"고 직접 출연 신청을 했다. K양의 결벽증과 강박증은 일반인들이 상상조차 할 수 없는 수준이었다. K양은 휴대폰은 물론 시계, 안경, 컴퓨터 키보드, TV 리모컨까지 더럽다고 생각되는 주변 물건은 무조건 흐르는 물에 깨끗이 씻어 냈다. 아울러 모든 물건은 단 한 치의 오차 없이 그가 생각한 장소에 있어야 한다. 극심한 결벽증과 강박 증세 때문에 죽음보다 더한 고통으로 살아가는 그를 지켜보던 노모는 카메라 앞에서 끝내 오열하고 말았다. 안타까움을 감추지 못하던 진행자 이경규씨는 "연락할 사람이 없어 휴대폰에 저장된 사람이 단 한 명도 없다"는 K양에게 "내 번호를 1번으로 저장하고 힘든 일이 있을 때 연락하라"고 자신의 휴대폰 번호를 알려 주었다.

앞의 K양은 전형적 강박증으로 인해 은톨이 생활을 하는 2차성 은톨이에 해당된다고 할 수 있다. 대부분의 강박증 환자는 은톨이와 거리가 먼 자유로운 생활을 하지만 일부 오염 공포가 심한 결벽증 환자들은 집안으로 병균 등 오염 물질이 들어오는 것을 막으려고 자신은 외출을 안 하고 타인도 자기 집, 자기 방으로 들어오는 것을 막는, 외부와 차단된 은톨이 생활을 한다.

흔히들 어떤 사람의 성격이 '강박적'이란 말을 사용하는데 그것은 강박증과는 다르다. 대개 이때 '강박적' 성격의 의미는 성격이 지나치게 청결하고 깔끔하며, 일 처리가 완벽하며, 시간 관념이 철저하고, 매사에 준비성이 지나쳐 한 치의 실수나 오차도 용납하지 않는 성격을 지칭한다. 이런 성격이 성공적으로 발휘될 경우에는 사회에서 인정받고 실수 없는 유능한 사람이 되나, 반대로 지나칠 경우 사소한 일에 매달려 큰일을 그르치는 무능한 사람이 된다. 더 나아가, 강박적 성격 단계를 넘어 강박장애 정신 질환의 경우는 자신의 의지와는 아무 관계없이 어떤 특정 생각이나 행동을 계속하게 됨으로써 K양과 같이 외출을 못하고 살 정도로 일상생활에 막대한 지장을 초래한다. 구체적인 강박적 행동과 강박사고를 나열해 보면 다음과 같다. 첫째, 지나친 청결 행동을 보인다. 혹시 독극물이나 병균에 오염되지나 않을까 하는 두려움에 반복적인 손 씻기, 피부가 닳도록 목욕하기, 옷 갈아입기, 청소하기, 배설물(대변, 소변, 침)과의 접촉을 피하기 위한 회피 행동 등의 형태로 나타난다. 둘째, 의미 없는 반복적 행동을 보인다. 숫자 세기, 쓸데없는 물건 모으기, 정리정돈하기, 괜히 문을 여닫는 행동이나 계단을 오르내리는 행동, 책을 읽을 때 계속 같은 문구를 읽는 행동, 좀 더 복잡한 강박적 행동으로는 한 발자국 걷고 하늘 보고 세 발자국 걷고 왼쪽으로 고개를 돌리는 등의 독특한 버릇이나 행동을 보인다. 셋째, 반복적으로 확인하는 행동을 보인다. 방금 잠근 문이나 가스밸브를 확인하고, 물건이 같은 장소에 놓여 있는지 확인하고, 방금 마친 준비물이나 숙제를 확인해야 안심이 되는 반복적인 행동을 보인다. 넷째, 강박사고를 한다. 끔찍한 재앙이 일어날 것에 대한 쓸데없는 걱정, 행운 또는 불행과 연관되는 숫자 생각, 자신의 의지와는 상관없이 머릿속에서 맴도는 성적 환상, 자신이나 타인을 실수로 해칠지도 모른다는 걱정, 특정 단어나 소리 또는 음악 등이 계속 머리에 떠올라 다른 생각을 못하게 방해한다. K양의 경우, 지나친 청결과 확인하는 강박장애로 인해 은둔형 외톨이 생활을 하는바, 가장 시급한 대책은 SSRI 등 세로토닌계 약물 투여 및 인지행동 치료를 겸비한 강박증 치료이다. 행동 치료에는 노출 기법과 체계적 둔감 요법, 교환 억제, 혐오 요법 등이 있고 보조적으로 정신 치료가 필요할 수도 있다.

신체이형장애

23세 L군은 치과 진료 후 정신건강의학과로 의뢰되었다. L군의 어머니는 1년간 집에만 있던 L군에게 치과 진료를 받게 해 준다고 달래서 병원으로 데려왔다. 하지만 실제 방문 목적은 정신건강의학과 진료였다. 대학 입학 후 사람들이 자신의 앞니가 튀어나왔다고 이상하게 본다며 교정 수술을 원해 주변 사람들의 반대에도 기어이 수술을 하고 나서는 수술이 잘못되었냐고 다시 다른 병원에 가서 재수술을 하자는 것이었다. 하루 종일 거울만 보고 얼굴이 이상해져서 창피해서 밖에 못 나가겠다고 수술 타령만 하는 아들에 화가 난 아버지가 야단을 친 후부터는 아버지와는 얼굴도 안 마주치고 지냈고 그런 지가 2년이 넘었다고 하였다. 치과 의사 진료 결과, 외관상이나 기능상 전혀 문제가 될 것이 없어서 특별한 치료가 필요치 않다고 하였으며 너무 치열 모양에 과민한 것 같으니 정신건강의학과 진료를 받을 것을 권하였다. 때마침 군대 복무 문제로 걱정하던 부모 및 당사자는 예상과는 달리 정신건강의학과 진료를 담담하게 받아들였다.

신체이형장애(Body Dysmorphic Disorder)는 정상 용모를 가진 사람이 자신의 외모, 예를 들어 얼굴 윤곽, 피부의 반점, 눈, 코, 입술, 치아, 가슴, 엉덩이 모양이 이상하게 생겼다고 믿고 이를 끊임없이 거울이나 남의 시선을 통해 확인하려 하고, 성형외과, 피부과, 치과를 찾아다니며 불필요한 수술을 요구하고, 남들이 놀릴까 봐 외출을 안 하고 집에만 있으려 하는 증상을 보인다. 심지어 남들은 전혀 못 느끼는 신체 모양에 대한 열등감으로 우울증에 빠질 경우 자살까지 시도하는 병이다. 과거 이형공포증(dysmorphobia), 신체수치감 강박증으로 불렸던 병으로 DSM-5에서는 신체 외모에 집착하는 강박증적 사고를 핵심 증상으로 간주하여 강박과 관련된 장애에 포함하였다. 대개 성형외과, 피부과, 치과를 떠돌다가 결국에는 정신건강의학과로 의뢰되어 비로소 치료가 시작된다. 강박증과 마찬가지로, SSRI 등 세로토닌계 약물에 좋은 반응을 보인다.

외상 후 스트레스 장애

M군은 고등학교 2학년 때 자퇴하여 은둔형 외톨이 생활을 한 지가 벌써 1년이 지났다. M군은 고등학교 1학년까지는 지방 소도시에서 살다가 부모님을 따라 고등학교 2학년 때 서울로 전학하였다. 그해 5월 학교에서 M군이 피해자인 집단폭력 사태로 학교폭력위원회가 열렸다. 그 후 6월부터 학교를 안 나가기 시작하여 9월 2학기가 되어서도 부등교가 지속되었다. 병원을 들려 휴학진단서를 받아 갔으나 결국은 자퇴하였다고 하였다. 가족들끼리 작은 음식점을 하는 부모 역시 서울 생활에 정신없이 지내는 바람에 자식에 미처 신경을 못 썼고 원래 지방에서는 잘 지내던 아이니까 시간이 가면 나아지겠지 하고 방치하다가 어떻게 해서든 대학은 보내야겠다는 가족 회의 끝에 1년 만에 M군을 설득하여 다시 병원을 찾게 되었다.

M군의 어머니는 아들이 공부도 잘하고, 아이들과 잘 어울리고, 비록 시골 학교지만 학급에서 반장도 하고, 태권도도 잘하여 늘 자랑스러웠고 다만 공부를 잘 따라갈 수 있을지에 대한 걱정만 하였다. 담임 선생님도 M군이 전학 오던 날 조례 시간에 공부와 운동 잘하는 아이로 소개해 주셨다. 서울 온 지 몇 달 간은 모든 식구가 처음 경험하는 서울 생활에 적응하려고 열심인 상황이었다. M군은 동생에게 짜증이 늘고 배가 아프다며 자주 등교를 거부하고 조퇴하기도 하였으나 새 학교에 적응하느라 힘든 거겠지 하며 대수롭지 않게 생각하였다. 두 달 후 중간고사 성적이 반에서 30등으로 예상보다 못

나왔으나 예전 학교와 진도가 달라서 그런 거겠지 하고 그냥 넘어갔다. 그러던 어느 날, 가족끼리 다 같이 외식이라도 하자며 식당 문을 빨리 닫고 집에서 기다리고 있었는데, 5시면 돌아오는 줄 알고 있던 아이가 7시가 넘어서야 옷에 흙이 묻고 상처 난 얼굴을 해 가지고 오는 것이었다. 동생의 말로는 M군이 요즘 들어 가끔 이렇게 늦게 들어올 때가 있고, 그럴 때는 저녁도 안 먹고 방 안에만 있을 때가 많다고 했다. M군은 운동을 하다가 늦었다고 하였다. 식사하러 가는 중 다리를 절룩거리고 몸에 뭔가가 닿으면 신음 소리를 내어 M군의 가족은 간단히 외식을 한 뒤 진통제라도 처방받으려고 집 근처의 응급실에 억지로 가게 하였다. 진찰을 마친 의사는 부모님만 따로 불러서 M군의 상처가 여러 군데로, 막대기나 야구방망이로 맞은 자국 같으니 자세히 알아보라는 이야기를 해 주었다. M군은 축구하다가 부딪히고 넘어져서 다쳤다고 계속 부인하다가 아버지가 경찰에 신고하겠다고 하자 갑자기 걷잡을 수 없는 울음을 터트리며 학교에서 또래와 있었던 일을 털어놓았다.

전학한 첫 달, 아이들은 호기심을 가지고 잘 대해 줬고, M군도 원래 쾌활하고 명랑한 성격이라 금방 아이들과 친해졌다. 유독 '짱'이라고 불리는 아이만 M군을 못마땅하게 보고, '사투리, 말투가 건방지다" 촌놈이 너무 설친다'라고 자기 친구들에게 얘기했다고 한다. M군은 짱에게 왜 내가 마음에 안 드냐, 어떻게 하면 잘 지낼 수 있냐고 물어보기도 했지만, 대답은 그만하라고 쏘아붙이는 것이었다. M군은 잘 보이려고 숙제도 대신해 주었지만 그때뿐이었다. 중간고사 결과가 발표되고, 성적이 신통치 않자, '짱'은 M군에게 나서지 말라면서, "별것도 아닌 게" 하고 아래위로 흘겨보며 빈정대고 재수 없는 아이와 놀지 말라고 다른 아이들이 M군과 이야기하는 것조차 차단시켰다. M군의 학교 생활은 하루종일 아무 말도 못하고 짱의 눈치만 보는 것이었다. 간혹 웃기라도 하면 '얘 웃는다'며 짱에게 고자질하듯 집단적으로 따돌렸다. 머리도 아프고 몸도 이곳저곳이 아픈 것 같아 조퇴나 지각을 하는 일이 잦아졌고, 당연히 공부가 제대로 될 리가 없었다. 그러던 중 짱과 친한 3학년 형이 'M군이 복도에서 '선배를 째려봤다'며, M군에게 와서 쉬는 시간마다 3학년 교실에 올라와서 사과하라고 해서 올라가 보면 여러 명에게 둘러싸여 욕을 듣거나 빈정거림을 당했다. 참다못해 며칠간 3학년 교실에 올라가지 않자 방과 후에 학교 뒤 공터에 끌려가 "너 태권도 좀 한다며. 그래서 개기는 거야?" 하며 집단 폭행을 당하고 집으로 온 것이었다.

이야기를 마친 M군은 혹시 자신이 얘기한 것을 아버지가 학교에 가서 따지지나 않을까 전전긍긍하고 학교에는 절대로 가지 않겠다고 했다. 결국 아버지가 담임 선생님을 만나 상담하였으나 담임 선생님은 폭력에 대해 전혀 모르고 있었다. 학교폭력위원회가 열렸고 다행히 M군 부모가 차분하게 대응하였으며, 상대방 부모도 잘못을 인정하여 상대방 아이들이 가벼운 처벌을 받았다. M군이 용기를 내어 학교를 가 보면 괴롭히는 아이들은 없었으나 아이들이 자신을 피하고 대화 상대가 되어 주는 아이는 1명도 없어 결국 학교를 그만두게 되었다. 처음에는 학교를 안 가고 집에 있으니 불면, 두통, 복통도 사라지고 원래 다니던 지방 학교로 다시 갈 생각을 하니 안심이 되었다. 하지만 집안 형편이 여의치 않아 혼자 지방으로 갈 수도 없고 이사 갈 수도 없게 되자 집에 있는 시간이 늘어나면서 불안해지고 우울해지기 시작하였다. 밖에 나가면 혹시 학교 아이들과 마주칠까 봐 외출을 못하고 집에만 있었다. 동네 아이들이 웃고 떠드는 소리가 들리면 자기 얘기를 하는 건 아닌지 의심이 들었다고 하였다. 결국 은톨이 생활이 길어지면서 낮에는 자고, 밤에는 컴퓨터를 하며, 새벽에는 편의점에 다녀오는 일상이 습관화되었다. 먹고 사는 것이 바빠 M군이 1년 넘게 은톨이 생활을 하는 것을 방치하던 가족들은 적극적으로 치료에 나서게 되어 M군을 설득하였고 함께 병원을 방문하였다. 집단 따돌림 후유증으로 인한 대인공포, 못난 자신과 가해자를 향한 분노, 아무것도 할 수 없다는 무력감이 팽배하였으나 서울 전학 전까지는 잘 생활해 왔던바, 회복 속도는 빨랐다. 약물 치료로 자신감을 얻은 M군은 식당에 나가 부모님을 짧은 시간이나마 돕고, 태권도 도장을 다니기 시작하면서 은둔 생활을 벗어나기 시작하였다. 더욱이, 태권도장 식구들과 회식 자리에서 우연히 마주친 짱의 행색이 초라해 보였고 M군을 보자 놀라서 슬그머니 모자를 푹 눌러쓰고 피해 버리는 것을 목격한 후부터는 저런 놈을 무서워해서 학교를 포기했나 하고 허탈했다고 하였다. 현재는 검정고시를 본 후 대학 진학을 위해 학원에 등록할 예정이라고 하였다.

흔히 왕따라고 부르는 집단 따돌림은 언어적 또는 비언어적 폭력을 동반한 집단 내의 적극적인 소외 현상이다. 학급에서 여러 명의 학생이 특정 학생을 정해 놓고 집중적으로 따돌리거나 괴롭히고, 심지어 폭행하기도 하는데 한번 따돌림을 당하면 소문이 나서 벗어나기란 쉽지 않다. 영어권에서는 'School bullying', 일본에서는 '이지메'라는 이름으로 불리며, 대략 10~20%의 학생이 신체 및 언어 폭력, 시비 걸기, 소문내기, 별명 부르기, 빈정거리기, 놀림과 따돌림, 대화 거부하기 등의 피해를 경험하고 있는 것으로 보인다. 국내 연구에서는 20~40% 정도가 집단 따돌림을 당한 경험을 보고하고 있어서 외국의 경우에 비해 2~4배 이상 높은 수준을 보여 준다.

집단 따돌림의 형태는 흔히 소외형, 언어적 폭력형, 신체적 폭력형 및 숙제나 하기 싫은 일을 억지로 시키는 강압형으로 나눠 볼 수 있으며, M군과 같이 이들의 형태가 혼재되어 나타나기도 한다. 또한 관련 아동 및 청소년들은 피해자, 가해자 그리고 집단 따돌림을 묵인해 주는 동조자(방관자)로 구분할 수도 있다. 가해자, 피해자, 동조자의 위치는 일관되게 지속되지만 상황에 따라 집단 내 서열이 바뀌어 피해자가 가해자가 되는 등 위치 변동이 될 수도 있다고 알려져 있다.

집단 따돌림의 부정적인 영향에 대해서는 많은 연구가 있다. 특히 피해자군에서 집단 따돌림이 스트레스원으로 작용하며, 우울증과 불안장애의 빈도를 높이고, 자존감을 저하시킨다. 또한 자신을 무능력자로 간주하게 하여 일상생활에서 위축되게 하고, 학업에 집중할 수 없게 하며, 일부에서는 자해나 자살의 원인이 되기도 한다. M군과 같이 등교 거부를 시작으로 은톨이 생활을

하게끔 만들기도 한다. 2006년 필자팀의 연구에 따르면 41명의 25세 미만 은톨이 청소년 중 56.3%에서 학교 다닐 때 따돌림이나 괴롭힘을 당한 적이 있었고, 이 중 1/3이 따돌림이나 괴롭힘을 당한 경험이 은톨이가 된 직접적인 원인이라고 응답하였다.

집단 따돌림을 당한 자녀의 부모 역할이 매우 중요하다. 부모는 아이에게 안정감을 주고, 감정을 표현할 수 있도록 지지하고 격려해야 하며, 동시에 재발 방지와 아이의 학교 적응을 위해 학교 측과 가해 아동의 부모와도 연락해야 한다. 부모 자신의 복수심과 분노로 가해자 및 학교와 감정적 혹은 법적 다툼을 벌이기도 하고, 아이의 학교 부적응을 더욱 심각하게 하는 경우가 발생하기도 한다. M군과 같은 집단 따돌림, 폭행의 피해자는 우울, 불안 등 상태에 따른 정신건강의학과적 진료가 필요하고, 상황에 따른 적응력이 떨어지므로 자신에게 부당하게 주어지는 가해에 대항하고 대처할 수 있도록 적극적으로 자기를 표현하고 주장할 수 있는 사회 적응 훈련이 필요하게 된다.

자폐스펙트럼장애

자폐스펙트럼장애(Autism Spectrum Disorder) 또는 자폐증은 선천적으로 타고나는 것으로 부모의 양육에 문제가 있어 생기는 것이 아니다. 전형적인 자폐증의 3대 특징은 다음과 같다. 첫째, 어릴 때부터 엄마나 사람에 대한 애착 행동이나 호기심보다는 무생물 기계에 더 관심이 많다. 먹을 것만 주면 하루 종일 엄마를 찾지 않고 혼자서 잘 노는 순한 아이이다. 둘째, 언어 발달이 안 된다. 기억력도 좋고 운동 발달도 빨라 지적장애가 아닌데도 또래에 비해 말하기, 말 알아듣기가 현저히 떨어진다. 셋째, 반복적 행동과 제한된 특정 분야에만 관심과 흥미를 보인다. 대다수의 자폐증은 의사소통이 안 되어 자폐증이 아닌 사람과 금방 구분이 되나, 지능 지수가 높고 언어 발달이 거의 정상인에 가까운 고기능 자폐, 아스퍼거 증후군의 경우 흔히 '취향이 독특하다' '생각이 특이하다'라고 여겨진다. 그러나 이들을 자세히 살펴보면 사람 간의 섬세한 감정 교류를 못하여 공감 능력이 떨어지고 상대방의 마음을 읽는 능력이 미숙하다. 더욱이 사람에 대한 관심보다는 기계나 사물에 국한된 흥미를 보여 친구를 사귀기 힘들고 외톨이가 되기 쉽다. 이들 대부분은 활동성 외톨이라 여겨지지만 일부는 은톨이로 살아간다. 2019년 홍진표팀의 연구나 일본 규슈 대학 가토 교수의 논문에 의하면(Kato, Kanba, & Tao, 2019) 은톨이들 중 상당수가 자폐 성향이 높다고 하였다.

신체적 핸디캡으로 인한 스트레스 장애

신체적 핸디캡은 크게 외형적인 것과 기능적인 것으로 나눌 수 있다. 먼저, 외형적인 신체적 핸디캡을 살펴보면 얼굴 기형, 신체 기형, 얼굴 혈관종, 피부 질환(아토피, 발진), 고도 비만 등 자신의 외모로 인해 타인에게 혐오감을 주거나 타인들로부터 비난이나 조롱을 받을 것을 걱정하여 스스로 외출을 꺼려 하는 것이다. 기능적인 핸디캡의 예는 대소변 관리와 처리의 어려움, 잦은 트림이나 장 가스 배출, 갑자기 터지는 음성 혹은 운동 틱으로 인해 타인에게 피해를 줄까 봐 혹은 외출 시 긴장하여 신체적 이상 현상이 더 악화될까 봐 외출을 꺼려 한다. 신체적 핸디캡을 호소하는 은톨이의 경우 반드시 집고 넘어가야 할 사항은 실제 본인이 느끼는 핸디캡의 정도와 주변 사람들이 느끼는 핸디캡의 정도가 일치하는지 여부이다. 일반적으로 당사자들은 주변 사람들보다 신체적 핸디캡에 예민한데, 앞서 언급한 신체이형장애의 경우 본인이 느끼는 신체적 핸디캡의 정도는 엄청나지만 주변 사람들이나 의사가 느끼는 핸디캡은 전혀 없는 경우가 있기 때문이다.

19

은톨이에게서 발견될 가능성이 높은 성격장애

뚜렷한 정신 질환이 발견되지 않고, 정신건강의학과적 약물 투여의 필요성이 별로 없다고 여겨지는 은톨이가 있다. 즉, 필자가 제안한 1차성 은톨이에 해당되는 사람들이다. 이들 중 대부분은 성격장애 혹은 장애까지는 안 되는 성격적 문제로 인한 은톨이로 판단된다. 이소베 우시오(2009)는 그가 저술한 책에서 히키코모리에서 가장 흔한 성격장애는 단연 회피성 성격장애이며 그다음으로 자기애성 성격장애, 조현성 성격장애, 경계성 성격장애가 흔하다고 하였다. 규슈 대학 가토 교수는 작은 표본을 대상으로 구조화된 면담을 실시한 바, 역시 회피성 성격장애가 가장 높았고, 이소베 우시오가 제안한 성격장애 이외에 반사회성 성격장애, 의존성 성격장애, 편집성 성격장애를 추가하여 다양한 성격장애가 존재함을 제시하였다. 필자 역시 구조화된 면담을 통한 연구 결과는 아니지만 36명의 증례 보고를 성격적 측면에서

분석하여 매우 다양한 성격이 존재함을 알 수 있었다. 성격이란 일생 동안 잘 변하지 않으며, 어떤 성격장애의 경우 본인은 전혀 불편함이 없어 변화의 필요성을 못 느끼지만 주변 사람에게는 고통을 주는 경우가 있다. 따라서 성격장애는 장기간의 치료가 필요한 작업이며 성격 유형이 치료에 대한 욕구와 치료에 대한 협조를 결정짓게 되는바, 성격 분석은 치료자에게 매우 중요한 작업이다. 이 책에서는 회피성 성격장애, 자기애성 성격장애, 조현성 성격장애, 의존성 성격장애, 편집성 성격장애에 대해 이해를 돕고자 간단한 사례를 소개하면서 각 성격장애의 핵심 개념에 대해 언급하려 한다. 또한 겉으로 보기에는 은둔과는 거리가 멀 것 같은 경계성 성격장애, 반사회성 성격장애 사례도 종종 있는바 간단히 언급하려 한다. 2006년 필자팀이 실시한 은톨이 41명에 대한 성격 조사 결과에서 의외의 결과는 41.5%에서 은톨이가 되기 이전의 어린 시절에는 대인 관계에서 적극적 성격이었다고 답하였다.

회피성 성격장애

32세 N군은 키도 크고 외형상 나무랄 데가 없는 건장한 청년이다. 하지만 어머니와 함께 방문한 N군은 시선을 어디에 두어야 할지 모르고 우왕좌왕하였다. N군이 정신건강의학과를 찾은 이유는 어머니의 권유에 의해서였다. 어머니는 N군이 학교도 명문대를 나왔고, 생긴 것도 멀쩡하고, 집안도 괜찮아 남한테 꿀릴 것이 없는데 왜 집

안에만 틀어박혀 있는지, 좋은 혼처 자리가 나도 왜 선을 보려 하지 않는지 그 이유를 몰라 답답하다는 것이었다. 그간 학벌, 스펙, 부모님 소개, 외모에 힘입어 이 회사 저 회사 취직하는 데는 별 어려움이 없었지만 오래 다니지 못하고 별 이유 없이 자진 사표를 썼다고 하였다. 회사에서도 성실히 근무를 잘하는데 왜 사표를 썼는지 모르겠다는 반응이었다. 의사와 첫 면담에 당사자인 M군보다 오히려 어머니의 호소가 주였으며 N군은 그냥 얼굴을 숙인 채 듣고만 있었다.

다음 면담은 어머니가 배제된 채 N군과 이루어졌다. N군은 은둔이 생활을 한 지가 벌써 5개월째라고 하였다. 시간이 갈수록 초조해지고 점점 자신감이 떨어져 '뭔가를 해야 되는데'라는 생각만 들 뿐 시작할 용기가 나지 않는다고 하였다. N군은 교수인 아버지와 학원 강사인 어머니 사이에서 장남으로 태어났다. 어려서부터 어머니에 이끌려 학원에 다니고 대학교 전공까지 어머니가 결정하였으며 취직도 부모가 다 시켜 주어서 자기가 한 건 아무것도 없다고 하였다. 직장 동료들을 보면 각자 알아서 일 처리도 깔끔하게 잘하는데 자기는 그렇게 하지 못해 자괴감이 든다고 하였다. 직장 회식 때 상사나 동료의 농담을 진담으로 받아들여 창피해하며 얼굴이 빨개진 적이 있으며 당황한 모습을 보여 준 자신이 창피해 회사를 그만둔 적도 있다고 하였다. 그러나 아버지가 알아본 N군의 직장 생활 평은 전혀 달랐다. 성실히 일도 잘하고 예의 바른 모범 사원이라는 것이었다. 다만, 사소한 지적에 예상 밖으로 무안해하고 남의 잘못도 자신의 잘못인 양 미안해하는 요즈음 보기 드문 청년이라는 것이었다.

아버지에 의하면 너무 아이를 잘나가는 사촌들과 비교하여 더 잘하라는 뜻으로 채찍만 휘둘렀지 칭찬을 한 적이 별로 없었고 아이가 너무 주눅이 들어 이 지경이 된 거라고 후회하였다. N군은 여자를 사귀고 싶지만 자신이 입만 열면 바보 같은 말만 하고 엉뚱한 실수를 하여 사람들이 비웃을 것이라고 생각하여 한 번도 여자에게 접근한 적이 없다고 하였다.

은톨이의 정신 질환 중 가장 큰 비중을 차지하는 것이 사회공포증(사회불안장애)이라면 성격장애에서 가장 큰 비중을 차지하는 것은 회피성 성격장애(avoident personality disorder)이다. 사회불안장애와 회피성 성격장애는 유사하며 서로 공존할 수도 있다. 사실, 사회불안장애의 상당수가 밑바탕에는 회피성 성격 특성을 가지고 있다. 회피성 성격장애는 마음속으로는 사람들과 친밀한 관계를 간절히 원하지만 사람들에게 무시를 당하거나 놀림받거나 거부당할 것에 대한 두려움 때문에 자신을 좋아한다는 확신 없이는 사람들과 친밀한 관계를 맺는 것을 피하는 특징을 보인다. 눈치를 살피다 어렵게 참여한 대인 관계도 사람들이 무관심하거나 자기를 비난하거나 싫어하는 눈치가 조금이라도 보이면 불안과 수치심을 느껴서 더 이상의 참여를 거부하고 조용히 회피해 버린다. 따라서 남들이 보기에는 소극적이고, 내성적이고, 수줍음을 잘 타고, 수동적이고, 거부당할까 봐 자기주장을 안 하는 투명인간 같아 보인다. 투명인간처럼 보이는 사람 중에는 회피성 성격장애 말고 다음에 설명하는 조현성 성격장애가 있는데, 차이점은 조현성 성격장애의 경우에는 회피성 성격장애와는 달리 사람들과 친밀한 관계를 간절히 원하지 않는다는 것이다. 회피성 성격장애자들은 N군과 같이 남들이 인정하는 자신의 능력조차도 별거 아니라고 하찮게 여기고 남보다 못하다는 열등감이 많다. 따라서 대인 관계가 많이 요구되는 직업에는 종사하기 어렵다. 자기 주장 훈련이나 사회 기술 훈련이 도움이 되고, 집단 치료를 통해서 거절에 대한 지나친 예민함을 감소시킬 수 있다. 약물 치료는 불안과 우울 증상에 대해 사용해 볼 수 있는데, 베타차단제는 자율신경계 항진을 줄여 줄 수 있고, 선택적 세로토닌 재흡수 억제제와 같은 항우울제는 거절에 대한 민감성을 감소시키는 데 도움이 될 수 있다. 중년 이후에는 회피성 성격 특성이 자연스럽게 감소되는 경향을 보인다.

자기애성 성격장애

어머니 말에 따르면 O양은 "학교에서 배울 게 없고, 친구들과 대화하는 시간은 의미가 없어요. 생산적인 일들을 해야죠. 변하지 않고 영원히 할 수 있는 그런 일들을 하기도 바쁜데…… 아이들과 수준이 안 맞아요"라며 학교를 안 가서 결국 고2 때 자퇴하였다. 자퇴 후 연기학원, 작가 학원, 소설 동아리 모임 등을 전전하다가 어느 날 연극영화과를 간다며 공부를 해야겠다고 집에 콕 박힌 지 1년이 되었다고 하였다. O양은 불면, 두통, 감정기복을 호소하며 정신건강의학과를 찾아왔다. 어머니는 O양이 "다른 사람들과 어울려서

살 수 있으면 더 이상 바랄 것이 없겠어요." "생각이 많은 것처럼 보여도 현실 감각이 없어요."라고 말했다. O양은 첫 진료 후 자신은 정신건강의학과를 다닐 필요가 없다며 수면제만 이따금 골라 먹고 약이 필요할 때면 엄마를 대신 보내 약만 타 갔다. 어머니는 O양이 판타지 소설을 쓰는 작가가 되고 싶다며 방에서 혼자 사색하거나 글을 쓰고 있는데 점점 자신만의 세계에 빠지는 모습이 걱정된다고 하였다. 때때로 기분을 풀어 주려 마트에 가면 현실 감각이 사라지는지 같은 모양의 옷을 색깔별로 여러 벌 사거나 당장 필요도 없는 고가의 디지털 카메라를 사 달라고 조르기도 하였다. O양이 계속 병원 방문을 거부하자 주치의는 병원 내 사회사업가를 통한 가정 방문 면담을 시도하였다. 가정 방문 면담에 대해 큰 욕구를 보이지 않았으나 또한 거부감도 크게 보이지 않았다. 첫 면담에서 판타지 소설에 대해 방문자가 관심을 보이자 흥분하여 약속했던 면담 시간을 훨씬 넘길 정도로 대화를 이끌어 갔고 두 번째 만남은 좋은 스파게티 집으로 가서 하자고 제안하였다. 식사하는 동안 아무 말 없이 무척 빠른 속도로 음식을 먹자마자 바깥으로 나가자고 하였다. 상대방의 의견을 묻거나 상대방의 감정 파악 없이 일방적인 자기 위주의 행동을 하였다. 어머니에 의하면 O양이 인터넷에 자기가 쓰는 소설에 대한 멘토가 몇 명 있는데 좋은 소리를 들으면 신바람이 나서 음악을 크게 틀고 춤도 추곤 하는데 안 좋은 코멘트를 받으면 멘토에 대해 분개하고 욕을 하고는 우울증에 빠져 하루 종일 이불을 뒤집어쓰고 방 밖으로 안 나온다고 하였다. 최근 O양이 일본 바람이 불어서 판타지 소설가가 되기 위해 일본 여행뿐만 아니라 더 나아가 일본 유학 계획을 세우고 있다고 하였으나 실제 유학에 필요한 공부나 준비는 일체 하고 있지 않으며 집안 형편이 유학 보낼 여력은 없다고 하였다. O양은 한국 사회에 대한 불평, 불만이 많으나 얘기해 봤자 소용없다고 하면서 비판적이고 냉소적인 태도를 취하였다. 자신이 문제가 있는 것이 아니라 한국 사회에 문제가 있는 것이라며 정신건강의학과적 치료나 면담의 필요성을 부인하였다. 일본 유학을 마친 후 자신은 곧 판타지 시리즈물을 인터넷에 발표할 거고 아마도 큰 반향을 일으킬 것이라고 자신에 차 있었다.

자기애성 성격장애(narcissistic personality disorder)는 자신의 중요성에 대한 고조된 느낌, 독특함에 대한 거창한 느낌, 무한한 잠재력에 대한 환상, 명성과 부에 대한 야심이 크며 자존감이 높다. 비대해진 자존감 때문에 작은 비난이나 지적, 거절에도 자존심의 상처를 심하게 받아 격분하거나 또는 완전히 무관심한 듯한 태도를 보인다. 이들의 대인 관계는 빈약하고 자신의 목표만을 추구하기 때문에 신뢰성이 없고 다른 사람들로부터 동정심을 구하지만 때로는 이러한 행동이 상대방으로 하여금 화나게 만들 수 있다. 가장 큰 문제는 O양과 같이 현실적 능력 파악이 안 되어 주변 사람들을 피곤하게 만든다는 것이다.

조현성 성격장애

20세 P군는 수줍음이 많고 사교성이 부족하다는 말을 자주 듣고

자랐다. 가족들은 그가 어려서부터 말이 없고, 감정 표현이 없으며, 부모에게 요구 사항도 별로 없고, 사람을 피해 구석에서 혼자 지내려 하고, 친한 친구가 1명도 없었다고 하였다. 학교에서는 있는 듯 없는 듯 투명인간으로 지내고 집에 친척들이 와도 인사를 못하고 쭈뼛쭈뼛하며 자리를 피해 부모는 자식의 사회성이 부족함에 대해 늘 걱정을 해 왔다고 한다. 실제로 그는 친구는 물론, 함께 살고 있는 가족 구성원들에게도 별 친밀감을 느끼지 않는다고 하였다. 학교는 반드시 가야 한다는 개념이 확실해서인지 고등학교까지 등교 거부는 않고 다녔으나 졸업 후에는 마땅히 갈 곳도 없고 해서 친척이 운영하는 자동차 정비소에서 물건 정리하는 정도의 일을 하였다. 시키는 일은 별 불평 없이 잘하지만 정비소에서도 다른 사람들과 어울리지 않고 조용히 지내며 일이 끝나는 대로 곧장 집으로 돌아와 혼자 앉아서 TV를 보거나 컴퓨터 게임을 하면서 시간을 보냈다. 정비소가 문을 닫자 특별히 할 일이 없어진 P군은 밖에 안 나가고 집안 청소, TV, 컴퓨터 게임을 하며 지낸 지가 1년이 넘었다고 하였다. 이러던 중 입영 영장이 나와 군 생활을 걱정한 부모님에 의해 진단서를 받으려 정신건강의학과를 방문하였다.

조현성 성격장애(schizoid personaity disorder)는 P군에서 보듯이 대인 관계에 관심이 별로 없어 이를 기피하고, 감정 표현이 제한적이며, 새로운 경험 등 자신에게 즐거움을 주는 행동을 하지 않으며, 매사에 수동적 · 비자발적이며, 단조롭고 활력 없는 모습을 보인다. 이들의 사고패턴은 단조로우며, 복잡하거나 다면적인 상황을 이해하려 하지 않고 피해 버린다. 다른 사람들과 같이 지내기보다는 혼자서 하는 컴퓨터나 수학, 게임을 좋아한다. 이성에 대한 관심이 거의 없고 대인 관계 경험에서 즐거움을 누린 경험이 거의 없다. 다른 사람의 칭찬이나 비난에 무관심한 듯이 보이고 남들이 자신에 대해서 어떻게 생각하는지에 대해서 신경 쓰지 않는다. 좀처럼 분노나 기쁨의 강한 감정을 표현하지 않는다. 친구가 거의 없고 이성과의 데이트도 거의 하지 않는다. 여자의 경우엔 저돌적인 남자의 결혼 요구에 수동적으로 반응하여 결혼을 하기도 한다. 수학이나 컴퓨터 같은 기계적인 영역엔 자신의 에너지를 투자하는 모습을 보이며 현실 검증력을 유지하고 있다.

의존성 성격장애

의존성 성격장애(dependent personality disorder)는 애착 대상(보통은 엄마)으로부터 보살핌을 받으려는 과도한 의존 욕구로 인해 애착 대상에 순종적이고 매달리는 행동을 특징적으로 보인다. 자신이 스스로 내려야 할 결정을 남에게 맡겨 버리고 남이 시키는 대로 따라 하는 역할에 만족한다는 점이다. 자기 주장이 전혀 없고 상대방의 주장을 따르기만 하는데, 이것은 자기를 도와주는 사람과의 관계가 깨지지 않을까 두려워하기 때문이다. 이들은 자기 확신이 결여되어 있고, 자기 능력을 과소평가한다. 혼자 있거나 도와줄 사람이 없을 때를 가장 견디기 어려워한다.

불안장애, 우울장애가 공존하는 경우가 많고, 판단과 적극성을 요하는 직업에는 실패하는 것이 통례이다. 직장 생활 부적응 시 집으로 숨어들어 부모에 의존하게 되기 쉽다. 이들의 과거를 살펴보면 유치원, 초등학교 입학 후 애착 대상(엄마)과 떨어지는 것에 불안을 느껴 학교를 안 가는 분리불안장애(seperation anxiety disorder) 증상을 보였던 적이 있는 경우가 흔하다. 청소년기엔 부모와 떨어져야 하는 수학여행, 캠핑, 기숙사 생활, 하숙 생활을 기피한다. 전형적인 예는 요즈음 일본 사회에서 관심을 끄는 유사 히키코모리인 가사 도우미(Kajitetsudai)이다. 이들은 결혼 연령에 접어든 과년한 딸로 집에 눌러앉아 외부와의 접촉을 차단한 채 시집도 안 가고 집안일만 하면서 부모에 계속 의지하며 사는 것이다. 얼마 전 친지로부터 다급히 조언을 구하는 전화 상담을 받은 적이 있다. 은톨이로 지내던 착한 30대 아들이 "내가 이렇게 된 것은 모두 부모님 때문이다."라며 집안의 폭군으로 갑자기 돌변하였다는 사연이었다. 화가 나면 부모를 집 밖으로 쫓아내어 내쫓긴 부모는 집에도 못 들어가고 집 주위를 맴돌고 아들 눈치만 본다고 하였다. 부모로부터 지나친 의존 욕구가 좌절되는 상황에선 부모를 향한 원망으로 바뀐다. 순종적이던 아이가 성장 후 모든 것을 부모 탓을 하며 공격적으로 바뀌는 돌변은 중년 히키코모리에게서 흔히 볼 수 있는 현상이다.

편집성 성격장애

편집성 성격장애(paranoid personality disorder)는 의심이 지나쳐 타인의 행동에 대해 피해적으로 착각하여 분노, 공격성을 보인다. 과도한 피해의식에 사로잡혀 남들에 대해 항상 경계하는 과잉긴장 상태이기 때문에 얼굴 표정이 굳어 있고 냉담하며 자신에 관한 정보가 유출될까 봐 조신하게 행동한다. 따라서 이들은 다른 사람들과 어울리고 친밀한 관계를 갖기가 힘들다. 은톨이 중에는 지나치게 바깥 세상을 경계하고 두려워하는 사람들이 있다. 낮에도 방에 커튼을 치고 컴컴한 방에서 지낸다든지, 지나치게 소음에 민감하다든지, 보통 사람들이 신경 안 쓰고 넘어갈 일도 집요하게 따지는 경향이 있다. 자신의 방에 남들이 들어오지 못하게 하고, 자신의 물건에 혹시 손을 대면 난리가 나고, 자물쇠를 많이 사용한다. 일이 안 풀릴 때 자신을 탓하기보다 남 탓 내지 세상 탓을 하며, 매사가 부정적이다. 바로 옆에 가족들이 사는 집이 있음에도 혼자서 자물쇠가 여러 개 채워진 컨테이너 박스에서 가족들과의 대화도 차단한 채 식사도 따로 하고 혼자 지내는 은톨이 사례가 있었는데 이 경우 편집성 성격장애 혹은 조현병으로 추정된다. 편집성 성격장애의 경우 은둔 기간이 길어지면 조현병으로 진행할 우려가 크다.

경계성 성격장애

경계성 성격장애(borderline personality disorder)는 불안정한 정

서, 충동 조절의 어려움, 만성적 공허감과 우울감, 반복적인 자살 충동 및 자해 시도, 불안정한 대인 관계 등의 특징을 보인다. 이들은 자아상과 대인 관계에 있어 극과 극을 오가는 심한 양가 감정을 갖고 있으며, 극단의 좋고 나쁨을 택하는 이분법적 사고의 특징을 보인다. 때로는 간헐적인 환각과 현실 판단력 손상을 보이는 정신증(psychosis) 상태에 빠지기 때문에 신경증(neurosis)과 정신증의 경계에 있다는 의미의 경계성 성격장애라는 용어가 탄생된 것이다. 은톨이에서 경계성 장애가 흔한 것은 아니나, 대인 관계 좌절이 장기간의 우울증으로 이어지거나 알코올 장애 등 약물 중독과 겹칠 경우에 은톨이가 되었다가 회복하고 다시 은톨이가 반복되는 경우를 생각해 볼 수 있다.

반사회성 성격장애

Q군은 중학교 3학년 2학기부터 체벌을 심하게 하는 교사가 싫다며 갑자기 학교를 안 가겠다고 등교를 안 하여 전학을 시켜 주었다. 일주일 만에 전학 간 학교 아이들과 싸우고 다시 학교를 안 가서 결국 자퇴하였다. 그 후 동네 선배들과 밤에 나가 어울리더니 며칠씩 가출하였다가 집에 들어오곤 하였다. 비행청소년들과 어울려 술, 담배, 금품갈취, 패싸움으로 종종 경찰서에서 연락이 왔으며 급기야는 상해치사 사건으로 6개월간 보호관찰 처분을 받게 되었다. 이후 Q군은 밖에 나가지 않고 은톨이 생활을 시작하였다. 보호관찰 기간이 지났어도 한 달에 한두 번 친구 만나러 나가는 이외에는 여전히 집에서

게임만 하는 아들을 걱정한 어머니가 정신 건강복지센터에 문의를 하여 Q군과 접촉하게 되었다. Q군은 어머니가 일하러 가면 아무도 없는 집에서 간섭받지 않고 내 마음대로 사는 게 너무 편하다고 하였다. Q군이 은톨이가 된 이유가 게임 중독 때문인지, 폭행사건에 얽힌 문제로 숨어 지내는 건지, 불법 사이트와 연결된 뭔가를 하는 중인지에 대한 의문이 풀리지 않은 채 치료는 종료되었다.

반사회성 성격장애(antisocial personality disorder)는 거짓말, 무단결석, 가출, 사기, 위조, 절도, 폭행, 약물 남용 등 사회적으로 용인이 안 되는 불법적이고 무책임한 행동들을 Q군과 같이 18세 성인이 되기 전부터 이미 보이기 시작한다. 자기 이익을 위해 상대방을 이용하고 상대가 느끼는 고통에 대해 전혀 무감각하거나 관심이 없거나 심지어 쾌감을 느낀다. 자신이 상대방에게 끼친 해로운 영향에 대한 반성이나 후회가 없는 것이 특징이다. 만약에 Q군이 집안에 박혀 있으면서 돈을 벌기 위한 불법적인 일을 벌인다면 은둔하는 뚜렷한 목적이 있기 때문에 은톨이라고 할 수는 없겠다.

20

은톨이가 되는 과정

이 책의 제15장에서 은톨이와 관계되는 타고난 성격 · 가정 · 학교 · 직장 · 사회적 요인을 살펴보았으며, 제17장, 제18장을 통해 이러한 요인들이 정신 · 신체 질환과 상호작용을 거쳐 은톨이 탄생되는 원인, 발생, 진행과정을 살펴보았다. 이를 최종적으로 도식화하면 다음과 같다([그림 9], [그림 10] 참조).

은톨이가 되는 과정을 연속적인 일련의 과정으로만 이해하기에는 다양한 교란요인(confounding factor)과 허위변수(spurious variable)가 관여하지만 간략하게 도식화해서 설명하자면, 타고난 성격, 부모의 양육태도, 부모의 정신병리로 인해 가족 내 문제가 발생한 학생은 학교생활에 어려움을 겪는다. 이는 동반 정신 질환 유무에 상관없다. 동반 정신 질환이 있다면 더욱 심각할 것이다. 학교생활의 어려움은 학교폭력, 집단 따돌림 등의 트라우마를 유발할 사선에 노출될 가능성이 많으며, 학업스트레스나 또래관계에서 더욱 스트레스를 받을 수 있다. 이렇게 자라난 학생은 성인이 되어서도 생활에 어려움을 겪게 되는 경우가 많다. 또한 어릴 때부터 신체 질환으로 투병생활을 해 온 사람 역시 비슷한 상황에 놓이는 경우가 많다. 이러한 성장 과정 속에 현대 사회의 다양한 은둔 조건([그림 10] 참조)이 발생한다면 은톨이 생활을 시작하는 사람이 생겨난다.

이렇듯 우리 인생 전반에 걸쳐 은톨이가 되는 과정을 리뷰하는 이유는 은둔 강화요인과 은둔 회피요인을 알아서 미리 예방하자는 의미이다. 즉, 학교 부적응이 있는 학생을 사전에 발견하여 교육적 · 정신적 도움을 줌으로써 어려움을 극복하게 하고 은둔 기회가 제공되더라도 은둔하지 않고 자신만의 사회생활을 할 수 있도록 격려해야겠다.

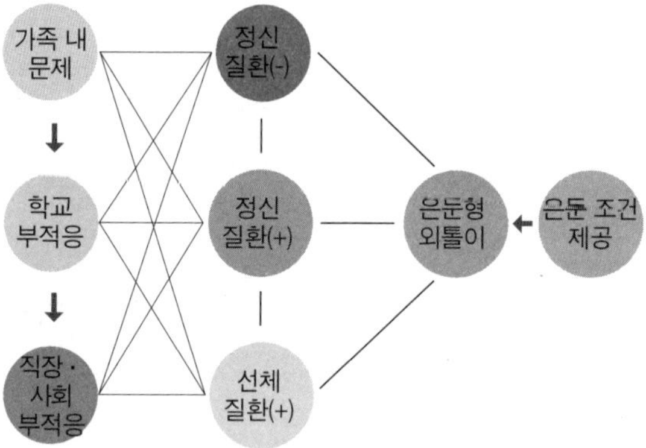

[그림 9] 은톨이 원인, 발생, 진행과정

가족 내 문제	동반 정신 질환
• 타고난 성격 기질: 회피성, 자폐성, 조현성 • 부모의 미숙한 양육 태도: 과잉보호, 과잉간섭, 과잉허용 • 부모의 이혼, 별거, 갈등: 자녀 구타, 자녀 학대, 양육 태만 • 부모의 정신 질환: 알코올중독 ,우울증, 조현병, 증울증	• 약물 치료가 필수적인 정신 질환: 사회불안장애, 우울장애, 양극성장애, 조현병스펙트럼장애, 강박장애, 외상 후 스트레스 장애, 섭식장애, 신체이형장애 • 기타 정신 질환: 성격장애, 자폐스펙트럼장애, 적대적 반항장애, 인터넷 중독
학교 부적응	**동반 신체 질환**
• 또래 간 따돌림, 학교폭력 • 교사와 충돌 • 학업 스트레스, 시험불안 • 신체 질환, 정신 질환 • 집단, 획일주의 교육에 대한 저항	• 신체기형: 혈관종 • 외모: 피부질환(아토피, 여드름), 비만 • 기능장애: 배변장애, 틱장애
직장 · 사회 부적응	**은둔 조건 제공**
• 대인 관계 갈등(상사, 동료, 부하, 고객) • 업무처리 능력 부족, 비적성 업무 • 신체 질환, 정신 질환 • 취업 승진 스트레스, 실직 불안	• 각방 사용 • 부모의 경제력, 부모 연금 • 택배, 인스턴트 식품 • 인터넷 세상 • 4차 산업혁명 재택근무 • 코로나 사회적 거리두기

[그림 10] [그림 9]의 각 항목에 대한 구체적 내용 설명

Part
4
은둔형 외톨이의 진단, 평가 및 탈출방법

21

현장에서 은톨이의 진단과정

R군은 올해로 3년째 집에 은둔하고 있다. R군은 3년 전 처음으로 취직한 직장(기계 제작 공장)에서 상사와 동료들로부터 업무에 대해 크게 지적을 받았고, '어렵게 구한 직장인데 내가 잘 해낼 수 없을 것 같다.'는 생각에 크게 상심하여 그만두었다. R군은 내성적인 성격으로 학창 시절부터 대부분의 시간을 혼자서 컴퓨터 게임을 하거나 애니메이션을 감상하면서 보냈으며, 중하위권의 성적으로 인문계 고등학교를 졸업한 후 2년제 전문대에서 기계공학을 전공하였다. 대학교를 졸업한 후에는 육군에 입대하였으며, 작업에 미숙하고 명령 수행이 느려 관심 병사로 분류되었다. 만기 제대한 후에는 집에서 취직을 준비하고 자격증을 따는 등 취직을 위해 노력하였으나, 면접에서 번번이 실패하였다. R군은 취업 준비 과정에서 부모와 갈등이 심하였다. 4~5년간의 취업 준비 끝에 간신히 얻은 직장을 그만둔 후, R군은 '모든 것이 무너지는 기분' '막다른 골목에 도착한 것 같

다'며 방에 은둔하기 시작하였다. 시간이 지날수록 몇 안 되는 고등학교, 대학교 동기들은 취직을 하고 결혼을 한 후 연락이 되지 않게 되었다. R군은 방에서 취미 생활을 하거나 잠을 자며 대부분의 시간을 보냈다. R군은 부모의 잔소리가 듣기 싫어 방 밖에 나오지도 않기 시작했고, 식사도 따로 했다. 이에 크게 화를 내는 아버지에게 반항하여 접시를 집어던지는 등 폭력적인 행동도 보였다. R군의 부모님은 R군에게 변화가 필요하지만, 어떻게 도울 수 있는지 전혀 방법을 알지 못했다. R군은 자신은 지금이 편하고, 정신 질환이 있는 것도 아닌데 왜 병원을 가야 하냐며 병원 방문을 거부하고 있다.

R군의 사례에서 볼 수 있듯이, 은톨이들은 학교, 군대, 직장 등 사회 생활에서 트라우마나 적응상의 문제를 겪는 경우가 많다. 특히 기대하던 바가 무너졌을 때, 탈출할 수 없는 막다른 골목에 다다랐다고 생각할 때, 사람에게 배신당했을 때 등 마음의 상처가 클 때에 은둔을 개시하는 경우가 많다. R군은 상당한 기간이 지난 은돌이로, 은둔 상태를 벗어나고자 하는 마음보다는 머무르고자 하는 마음이 더 큰 상태이다. 이렇듯 동기가 부족한 상태의 은톨이에게 무작정 정신병원에 강제 입원하게 하거나 약물 치료만을 고려하는 것이 유일한 해결책은 아니다. 우선, 은톨이에 대한 전문가의 도움이 필요하다. 다행히도 최근 우리나라에도 많은 공공 기관, 사설 상담센터, K2 인터내셔널과 같은 사회적 기업에서 1차적으로 평가와 비약물적 치료와 지원을 제공하고 있다. 만약 병원에 대한 거부감이 높다면, 이러한 기관을 이

용해 보는 것이 좋은 방법이 될 수 있다. K2 인터내셔널에서는 개인의 단계에 맞추어 상담, 가족 모임, 공동 생활 쉐어하우스, 일하기 체험, 대안 유학 프로그램 등 다양한 프로그램을 진행하고 있으므로, 홈페이지나 전화 등을 이용하여 상담을 신청할 수 있다(홈페이지: https://k2-kr.com/ 전화번호: 02-941-5943).

그렇다면 은톨이가 병원을 방문해야만 하는 경우는 어떤 경우일까? 필자는 은둔 이외의 다른 '증상'이 생겼을 때에는 꼭 병원을 방문하기를 권한다. 좀 더 자세히 말하자면, 우울, 불안, 환청, 강박, 불면 등의 정신 증상 또는 두통이나 복통 등 신체 증상이 생기는 경우다. 이러한 증상들이 하루 이틀이 아니라 수 주 이상 지속된다면, 이는 몸과 마음에 병이 들었다는 증거이므로, 반드시 정확한 진단과 그에 맞는 치료를 필요로 한다.

과거 처음으로 '히키코모리'라는 용어를 만든 정신건강의학과 의사인 사이토 타마키는 히키코모리는 정신 질환을 배제하여야 진단할 수 있다고 했으나, 필자가 연구한 바로는 많은 은톨이가 정신 질환을 함께 앓고 있는 경우가 있고, 일부에서는 치료나 상담이 많이 진행된 후에야 정신 질환의 존재가 밝혀지기도 하였다. 따라서 필자는 17장에서 언급했듯이, 이러한 은톨이를 '2차성 은톨이'라고 지칭하여, 정신 질환이 없는 순수한 은둔 상태인 '1차성 은톨이'와는 구분하였다. 이러한 2차성 은톨이에서는 정신 질환이 은둔 상태에 선행하는 경우가 많으므로, 우울증이나 불안, 조현병 등 은둔 상태를 유발한 근본에 해당하는 질환에 대한 적극적인 상담, 약물 치료를 시행하는 것이 필수적이다. 반대로, 1차성 은톨이 또한 오랜 시간 은둔을 하다 보면 우울, 불면, 신체 증상 등이 나타나기 마련으로, 이러한 경우에도 병원에서 영양 상태나 마음에 대한 평가를 받고 확인된 공존 질환에 대해 적절한 처치를 받는 것이 필요하다. 그렇다면 병원에 방문한 후로는 어떠한 평가 절차를 밟고 치료를 하게 될까? S양의 사례를 함께 보자.

23세 S양은 대학생이다. 그녀는 고등학교 시절 체중이 많이 나가는 것에 대해서 친구들로부터 놀림을 당한 적이 있고, 공부 스트레스로 인해 자해를 했던 적이 있었다. 최근 S양은 갑자기 이유를 알 수 없는 우울감과 무기력감, 복통과 불면에 시달리게 되었다. S양은 학교를 휴학하고 방에서만 지내기 시작했으며, 사람을 만나는 것도 기피하고 밤새도록 눈물을 흘리는 경우가 많았다. 그녀는 일주일 동안 생필품을 사러 나가는 것 이외에는 모든 외출을 삼갔다. S양의 부모님은 그녀의 상태를 걱정하면서 그녀에게 병원에 내원하기를 권유하였지만, 그녀는 '약을 먹는다고 달라질 것이 없다.'는 생각에 병원 방문을 보류하였다. 6개월이 지나 S양은 '우울증을 통제할 수가 없어. 이젠 죽는 게 해답이야.'라는 생각이 들어 진통제를 음독하고 자살하고자 하는 계획을 세웠다. 점차 악화되는 S양의 상태를 걱정한 S양의 부모님은 그녀를 병원에 데려오게 되었다.

이 사례에서, 우리는 S양이 은둔하게 된 계기가 정신 질환에 의한 것이라고 추측해 볼 수 있다. 그녀가 은둔을 하는 것은 우울증 증상 중 하나의 표현일 수 있다. 은톨이가 모두 정신건강의학과적 평가와 치료를 요하는 것은 아니지만, 우울증은 반드시 적절한 정신건강의학과적 치료가 필요하다. 정신 질환과 은둔의 관계는 마치 닭이 먼저냐 달걀이 먼저냐 하는 질문과 마찬가지로 어느 하나로 콕 집어 이야기할 수 없지만, 밀접한 연관이 있다는 것은 확실하다. S양과 같이 2주 이상 지속되는 심한 우울감, 불면, 무기력감, 자살 사고와 계획 등은 우울증의 전형적인 증상이다. 정신건강의학과 의사는 S양을 면담하면서 증상의 정도를 파악한 후, 심리 검사와 전신 상태에 대한 검사를 시행하였다. 평가 결과, 자살 사고가 있는 것으로 나타나 S양에게 정신건강의학과 보호 병동(안전 병동)으로의 입원을 권유하였다.

정신 질환이 있는 경우 중 주로 어떤 경우에 입원 치료가 필요할까? 정신 질환이 있다고 해서 모든 환자가 입원 치료가 필요한 것은 아니다. 다만, 자살이나 공격성 등 자해 또는 타해 위험성이 있는 경우와 어떤 질환이 있는지 명확히 밝혀지지 않은 경우에 평가를 위해서, 정신 질환적 양상이 심해 현실 검증력에 문제가 있을 경우, 그리고 가족이나 친구 등 사회적 지지 체계가 미비할 경우에 안전을 위해서 입원을 고려해 볼 수 있다. 입원 과정에서 정신건강의학과 전문의의 대면 진료가 이루어지며, 전문의가 입원이 필요하다고 판단한다면 입원을 진행할 수 있다. 환자가 입원에 동의하는 경우 자의 입원을 진행할 수 있으며, 환자가 입원을 거부하더라도 꼭 필요한 경우에는 보호자나 행정 기관의 동의를 얻어 비자의 입원(보호입원)을 진행할 수도 있다. 다시 S양의 사례를 보면서 입원 시의 평가 과정에 대해서 알아보자.

S양은 입원에 동의하였고, 자의로 보호 병동으로 입원하였다. 입원 후, S양은 주치의와 면밀한 진단적 면담을 통해 우울증을 진단받게 되었다. 또한 그녀의 은톨이 성향은 우울증에 따른 이차적인 은둔 상태라는 것을 알게 되었다. 주치의는 우선 신체적인 상태를 평가하기 위해 신체 상태에 대한 전반적인 검사(혈액검사 등의 임상병리 검사, 영상 검사)를 시행하였으며, 임상심리사에게 의뢰하여 종합심리검사를 시행하였다. S양의 혈액 검사와 영상 검사는 큰 문제가 없는 것으로 나타났으며, 종합심리검사상에서는 자가보고식 검사와 평가자 검사 둘 모두에서 심한 우울증이 확인되었다. 그녀는 항우울제 투약과 인지 행동 치료를 받았고, 1개월간의 입원 치료 후 우울감이 많이 호전되어 다른 환자나 의료진과 적절하게 대인 관계를 하고 일상생활을 수행할 수 있을 정도로 좋아졌다. 그녀는 자살 사고가 거의 사라져 퇴원하게 되었고 현재는 외래 통원 치료를 주 1회 유지하면서 대학교에 복학하여 생활을 하는 중이다. 그녀는 이전에 비해 훨씬 밝아 보인다는 말을 듣기 시작하였고, 대인 관계와 가족 관계도 원만하게 유지하고 있다.

통상적으로 은톨이 성향을 가진 환자가 입원을 하는 경우에도, 다른 정신 질환을 가진 환자와 마찬가지로 평가와 치료를 받는다. 정신 질환에 대한 치료에 앞서 객관적인 평가(정신건강의학과적 면담, 정신 상태 검사, 신체 진찰, 임상병리 검사, 영상 검사, 종합심리검사 등)가 이루어지며, DSM-5 진단기준에 근거한 진단과 치료가 이루어지게 된다.

그렇다면 은톨이를 하나의 병으로 보고 치료하여야 하는가? 은톨이는 DSM-5나 ICD10 진단기준에 근거한 진단이 없다. 정신의학계는 이러한 현상을 어떻게 바라보고 있는가?

은톨이는 DSM 체계(정신건강의학과 진단)에 등록이 필요하며, 정신 질환 중 하나라고 하는 주장이 있어 왔으나, 아직까지는 객관적인 진단명으로 인정받지 못하고 있다. 이는 은톨이에 대해서는 원인이나 치료법 등에 대해 추가적인 연구가 필요한 상태이고, 과거에 일본과 한국 등 동아시아에 국한해서 나타나는 현상이라는 점에서 '문화 관련 증후군'으로 생각되었기 때문이다. 그러나 은톨이가 사회적인 문제로 부상한 지 20여 년이 지나고, 홍콩, 미국, 인도, 스페인, 브라질 등 전 세계적으로 급속히 은톨이에 대한 사례 보고가 쏟아짐에 따라서, 현재는 은톨이를 어느 문화에 국한된 상태가 아니라, 현대 사회라는 시대적 배경에 의한 상태로 보고자 하는 시각이 새롭게 관심을 모으고 있다. 이는 인터넷 발달, 4차 산업혁명(배달 음식, 재택근무 등) 등 기술의 발달, 청년 실업과 부모 세대의 부로 일하지 않아도 살아갈 수 있는 사회 구조, 핵가족, 개인주의 등 사회 인식의 변화, 코로나 19로 인한 비대면 활동의 증가 등 현대 사회로의 변화가 은둔을 용이하게 하는 원인 중 하나라는 것이다. 이러한 시대 변화에 따라, 은톨이 현상도 많은 변화가 있었다.

2010년 사이토 다마키가 주장한 히키코모리는 다음의 네 가지를 모두 만족하는 상태였다.

- 6개월 이상 사회로부터 고립(학교 교육, 취업, 가정 내 상호작용 등)되어 주로 집에서 지내는 상태
- 사회적인 대인 관계를 전혀 하지 않음
- 다른 정신 질환(조현병뿐 아니라 우울증 등 모든 정신 질환 포함)을 가지지 않을 것
- 기능의 저하, 개인에게 심각한 고통을 초래하는 상태

그러나 그동안 대한민국에서 필자가 연구해 온 은톨이 진단기준은 이와 매우 유사하나 몇 가지 차이가 있었다.

- 3개월 이상 집 밖 출입을 삼가는 상태
- 사회적인 대인 관계 상황을 기피함
- 조현병이나 양극성장애 등 정신병적 양상을 보이는 상태를 제외할 것
- 기능의 저하, 개인에게 심각한 고통을 초래하는 상태

두 진단기준은 대부분 큰 틀에서 대동소이하지만, 기간(6개월 vs 3개월), 우울증과 같은 일부 정신 질환이 동반될 수 있는지에 대해서는 차이를 보였다. 우선, 필자는 우리나라에서는 3개월 이상 학교를 가지 않으면 학년이 유급된다는 점에서 3개월 이상의 유병 기간이 매우 중요하다고 판단하였다. 일본의 경우에는 초기 성인기에 3개월 정도 은둔하는 것은 자주 있는 일이고, 이 정도 기간을 은둔하는 경우에는 쉽게 은둔 상태에서 회복되어

일상생활로 복귀하기 때문에 병으로 보지 않았다. 그러나 우리나라에서는 3개월을 은둔하게 되면 학년 유급을 하여 인생에 지대한 영향을 주게 된다. 또한 우울증으로 인한 은톨이 상태는 실제로 1차성 은톨이에서도 매우 흔하며, 초기 평가에서 완전히 배제할 수 없다는 점에서 우리는 정신병적 양상을 보이는 대상자만을 제외하고 연구를 진행하였다.

최근 일본의 가토 교수는 히키코모리의 진단기준을 대폭 수정하여 다음과 같이 변경하였다([그림 11] 참조).

- 조건
  - 가정에서의 뚜렷한 사회적 고립이 있음
  - 6개월 이상 지속되는 사회적 고립 기간
  - 사회적 고립과 관련된 유의적인 기능적 손상 또는 괴로움을 충족
- 심각도
  - **경도**: 때때로 집을 나서는 경우(주 2~3일)
  - **중등도**: 가끔 집을 나서는 경우(주 1회 이하)
  - **고도**: 거의 자신의 방을 나서지 않는 경우
  - **예비 히키코모리**: 3~6개월간의 은둔 상태

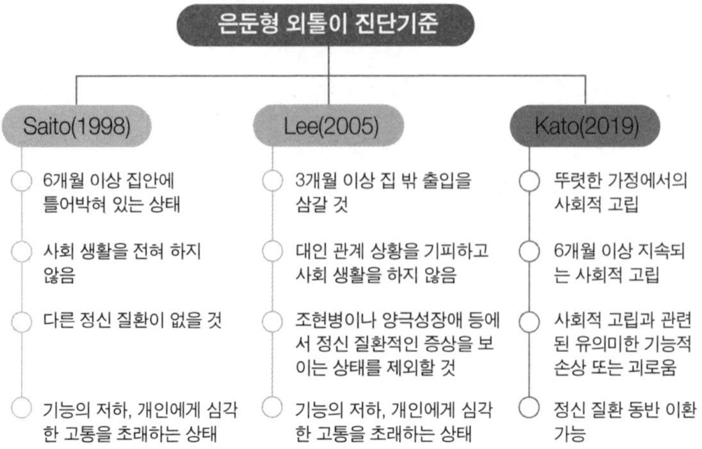

[그림 11] 히키코모리 진단기준의 시대적 변화(Lee, 출간 중)

최근 은톨이 중에도 인터넷이나 SNS 등을 통해 사회 활동을 활발하게 하지만, 실제로 사람을 만나기 위해 바깥으로 나가는 것은 삼가는 사람들이 급증함에 따라, 관련된 진단기준은 삭제되었다. 또한 3~6개월의 운둔 상태를 포함하기 위해 예비 은톨이 단계와 심각도 개념이 추가되었다. 또한 조현병, 우울증 등 모든 정신 질환이 동반된 경우에도 은톨이 상태에 대해 따로 초점을 맞추어야한다고 하여, 보다 포괄적인 개념이 되어 1차성 은톨이와 2차성 은톨이를 포함한다. 궁극적으로 은톨이는 하나의 질병으로서의 단위를 가지는 것이 아니라, 다른 정신 질환의 명시자, 즉 하나의 '상태(증상의 일부)'로 보고자 하는 시각이 있다. 필자와 뜻을 함께 하는 국제 학회인 국제 히키코모리 컨소시움 심포지움에서는 이러한 큰 틀에서 국제 협력 연구를 진행하고 있으며, 향후 체계적인 연구를 통해서 은톨이를 도울 수 있는 방안을 탐색하고 있다.

개정된 히키코모리 진단기준(Kato et al. 2019)

[정의] 히키코모리는 병적인 사회적 철수 또는 사회적 고립의 형태로 나타나며, 필수적으로 스스로의 집에 물리적으로 고립되어 있다. 히키코모리는 다음의 기준을 만족한다.

1. 개인의 집에서 명백한 사회적 고립
2. 최소한 6개월 이상의 지속적인 사회적 고립의 기간
3. 사회적 고립과 관련된 현저한 기능의 손상 또는 고통

때때로 집을 떠나는 경우(주 2~3일), 드물게 집을 떠나는 경우(주 1일 또는 이하), 드물게 자신의 방을 떠나는 경우를 각각 경도, 중등도, 고도로 명시한다. 자주 집을 나서는 경우(주 4일 이상)에는 정의에 따라 히키코모리의 진단기준을 만족하지 않는다. 지속적인 사회적 고립의 기간을 명시해야 한다(예: 8개월). 사회적 고립의 기간이 적어도 3개월 이상인 자(6개월이 되지 않은 경우)는 반드시 예비 히키코모리로 명시한다. 발병 나이는 주로 청소년기나 초기 성인기이다. 그러나 30대 이후의 발생이 드물지 않으므로, 주부와 노인의 경우에도 상기 진단기준을 만족할 경우 고려될 수 있다.

다음의 명시자는 필수적인 기준은 아니다. 그러나 히키코모리의 추가적인 특징에 있어서 유용할 수 있다.

A. 사회적인 참여의 부족. 개인은 때때로(주 2~3일) 또는 드물게(주 1회 이하) 학교 출석, 직장 출근, 병원 예약 등의 활동에 참여한다. 이 명시자는 교육, 고용, 훈련에 참여하지 않는 히키코모리에 적용된다(즉 'NEET').

B. 대면 사회적 상호작용의 부족. 개인은 때때로(주 2~3일), 또는 드물게 (주 1회 이하) 집 밖에서 의미 있는 대면 사회적 상호작용(대화)에 참여한다. 심한 경우, 함께 거주 중인 사람들, 예를 들면 가족 구성원과도 드물게 대면 사회적 상호작용을 한다. 이 명시자는 주로 디지털 의사 소통(예: 소셜 미디

어, 온라인 게임)을 통해 사회적 상호작용을 하는 히키코모리에 적용된다.

C. 간접적인 의사 소통. 현대 사회에서 인터넷의 보급으로 인해 웹 기반 또는 다른 기술을 통해 '간접적인' 의사 소통이 점점 흔해지고 있다. 따라서 이러한 간접적인 의사 소통은 반드시 직접적인 의사 소통에 따라 평가되어야 한다. 몇몇 사례에서는 매일 SNS 그리고/또는 온라인 게임과 같은 온라인 도구를 통해 쌍방향의 간접적인 의사 소통을 한다.

D. 외로움 동반. 외로운 느낌을 가진다. 외로움의 존재는 히키코모리의 기간이 증가함에 따라 점차 흔해지는 경향이 있다.

E. 공존 질환 동반. 히키코모리는 회피성 성격장애(예: 비판 또는 거절에 대한 두려움으로 인해 고립), 사회불안장애 (예: 쑥스러움에 대한 공포로 인해 사회적 상황을 회피), 주요우울장애(예: 신경식물증상의 반영으로 사회적 상황을 회피), 자폐스펙트럼장애(사회적 상호작용과 의사 소통의 결핍), 또는 조현병 (예: 정신증의 양성, 음성 증상으로 인한 고립) 등 많은 정신 질환이 동반될 수 있다.

F. 발병 나이. 많은 경우, 발병 나이는 청소년기에서 초기 성인기이다. 그러나 30대 이후에 발병하는 사례가 드물지 않다.

G. 가족 성향과 역동. 사회경제적 상태와 양육 방식이 히키코모리의 발달에 영향을 준다. 예를 들어, 과잉보호 양육 그리고/또는 부모 개입의 부재는 이 현상의 발생과 연관성이 제시된다.

H. 문화적 배경. 병적인 사회적 고립은 원래 일본에서 특징적으로 묘사되었으며, 최근 다른 나라, 특히 동아시아와 유럽에서도 확인되고 있다. 사회문화적 상황이 이 상태에 영향을 줄 수 있다.

I. 개입. 근거 기반의 개입은 확립되어 있지 않지만, 약물 치료(정신 질환이 동반 이환될 때), 다양한 정신 치료, 사회사업, 가족 개입이 제공되고 있다. 상기된 평가에 기반한 맞춤식(개별화된) 접근을 추천한다.

22

개인별 맞춤 치료를 위한 초기 평가 항목

은톨이가 얼마나 심각할 수 있는지를 단적으로 보여 주는 〈집을 파는 여자〉라는 일본 드라마의 한 장면을 14장에서 소개했다. 같이 살면서 20년 동안 부모가 자식의 얼굴을 못 보았다니, 은톨이를 이해하지 못하는 대다수의 사람은 상상조차 못할 심각한 상태인 것이다.

은톨이의 평가는 다음 네 가지 방향으로 이루어진다. 평가자는 당사자가 은톨이에 해당하는지, 은둔의 정도가 어느 정도로 심각한지, 같이 동반된 신체적 문제, 정신적 문제, 가정 내 문제가 있는지, 당사자와 부모의 치료 협조가 잘 이루어질지를 파악하여 개별적인 치료 대책을 세워야 한다. 초기 평가에서 반드시 점검해야 할 항목을 열거하면 다음과 같다.

은톨이에 해당되는지 파악

지기 진단표, 문제 행동 목록 부모 작성 설문지, 치료자 작성 설문지를 통해 은톨이에 해당되는지 파악할 수 있다.

활동 반경 파악

은톨이의 심각한 정도 판단에 있어 가장 쉬운 방법은 활동 반경, 즉 시공간에 관한 파악이다. 가족과도 접촉 없이 방에만 틀어박혀 있는지, 집에 틀어박혀 있다가 집 밖 외출은 어느 정도 하는지에 대해 파악한다.

앞의 일본 드라마 주인공처럼 가족과 얼굴을 맞대거나 대화 없이 방에만 있는 경우가 제일 심각한 단계이다. 집안에 식구들이 있으면 방 밖으로 안 나가고 식구들이 외출하거나 잠자는 밤에 몰래 방에서 나와 화장실에 가거나 냉장고를 뒤지며 식구 누구도 방에 들어오는 것을 허락하지 않는다. 필자팀이 2006년 조사한 41명의 은톨이 중 18명(43.9%)이 여기에 해당되었다.

식구들과는 소통하며 지내지만 택배 기사나 외부인이 오면 숨고 집 밖을 못 나가는 경우, 인적이 드문 새벽이나 밤에 근처 마트에서 물건을 사거나 공원에 잠깐 나갔다 오는 경우, 학교, 직장, 병원, 취미 활동을 위해 드물게 외출하고 오는 경우 등 심각도에 따라 활동 반경은 다양하다.

규슈대학 가토 교수는 히키코모리의 심각한 정도를 집 밖으로 나가는 정도에 따라 1주일에 2~3회 나가면 경도, 1회 이하면 중등도, 자기 방에서조차 밖으로 안 나오는 경우를 심각한 수준으로 보았다. 주 4회 이상 외출을 하는 경우는 히키코모리 기준에 맞지 않는다고 하였다.

가토 교수는 또한 가정을 떠나 혼자 사는 히키코모리에 대해서도 언급하였다. 2017년 가족과 사는 히키코모리 집단을 X, 혼자 사는 히키코모리 집단을 Y라 칭하고 활동 반경과 사회적 접촉 범위에 따라 히키코모리 단계를 분류하고 단계별 치료 방법에 대해 언급하였다([그림 12] 참조). 참고로 단계별 치료 방법에 대해서는 이 책의 치료편(제24장)에서 다시 자세히 설명할 것이다.

혼자 사는 히키코모리가 많지는 않다. 이들은 혼자 살면서 학교나 직장 생활을 하던 중에 학교 중단, 직장 사직을 한 후 사람과 접촉을 끊고 히키코모리가 된 채 부모와 정부보조금 혹은 사회보장기금의 도움을 받으며 그 상태에서 계속 살아가는 경우가 대부분이다. 우리나라의 경우도 혼자 사는 은톨이가 유튜브 제작이나 브이로그 활동을 하며 세상과의 접촉을 시도하는 것을 심심치 않게 볼 수 있다. 집에 거주하는 은톨이보다 혼자 독립하여 사는 은톨이의 경우 기능이 더 좋고, 치료에 대한 반응도 더 좋다.

	가족과 거주(X)	혼자 거주(Y)
1단계	간혹 집 밖으로 외출하거나 밖에서 사람을 만난다. (2~3일/주)	혼자 살면서 간혹 집 밖에 나가 사람을 만난다 (2~3일/주)
2단계	거의 집 밖에 안 나가고 사람을 만나지 않지만 가족과는 대화를 한다. (1일/주 미만)	혼자 살면서 거의 집 밖에 나가 사람을 만나지 않는다. (1일/주 미만)
3단계	거의 방에만 있고 같이 사는 가족들을 거부한다. (1일/주 미만)	

*출처: Kato (2017).

[그림 12] 행동반경과 사회적 접촉에 따른 은둔형 외톨이의 심각성 단계 분류

대인 접촉의 범위 파악

대인 접촉의 범위 역시 은톨이의 심각도를 결정짓는다. 심각한 경우는 같이 거주하는 식구와도 대화를 안 하고 얼굴도 못 본 채 오랜 시간 지내는 경우가 있다. 인터넷이 일상화되면서 사회 참여, 사회 접촉에 관한 개념도 변화해야 하는 시점에 이르렀다. 예를 들면, 인터넷 중독 청소년들의 경우 점점 중독이 심해질수록 현실 속 접촉하던 진정한 의미의 친구 관계는 점차 없어지고 대신 게임상 온라인 친구가 늘어나는 현상이 생기기 때문이다.

외출하여 아는 사람들을 만나 대화를 나누는 대면 접촉만을 대인 접촉의 기준으로 할 것인지 아니면 핸드폰 문자 등 지인들과의 비대면 접촉도 포함시킬 것인지, 더 나아가 SNS, 온라인 게임과 같은 간접 소통까지 포함시킬 것인지 의문이 생긴다. 즉, 인터넷상의 소셜 네크워킹, 온라인 게임 등 간접적인 사회 활동의 참여와 대인 접촉을 직접적인 사회적 대면 접촉과 동등하게 볼 수 있는지에 대한 문제에 봉착하게 된다. 아무튼 간접적 사회 접촉에 대한 평가도 초기에 이루어져야 한다. 향후 치료에 따라 집 밖 외출의 행동 변화, 실제 사회적 접촉의 변화와 함께 온라인상의 간접적 사회접촉이 어떻게 변하는지 알아보는 것이 매우 중요하기 때문이다. 2006년 필자가 41명의 은톨이를 대상으로 조사한 결과, 지난 1주간 75%가 아무도 만나지 않았고, 43.8%가 누구와도 전화 통화를 하지 않았으며, 65.6%에서 이메일을 하지 않았다고 응답하였다. 또한 50%가 친한 친구가 1명도 없으며, 친한 친구가 3명 미만이라는 응답이 90.7%였다.

문제 행동 목록 파악

이 책의 제9장에서 언급한 부모 폭행, 기물 파손, 욕 등 공격적 행동, 자살/자해, 개인 위생 처리, 비만, 과소비(택배 구입, 통신비) 등 문제 행동 해결이 치료의 목표이고, 문제 행동의 변화는 치료 반응의 지표가 되므로 초기에 잘 파악하여야 한다.

동반 정신 질환과 신체 질환 유무 파악

이 책의 제18장과 제19장에서 언급한 질환들에 대해서 병원과 연계한 의학적 조치가 필요한지 여부를 빨리 파악하여야 한다. 중증 질환이 있음에도 병원을 기피하는 경우가 흔하며, 의학적 조치를 함께 할 경우 은톨이에서 빨리 벗어날 수 있는 경우도 많기 때문이다.

은톨이가 된 원인 파악

이 책의 제15장에서 언급한 은톨이가 된 성격 · 가정 · 학교 · 직장 · 사회 요인에 대해서 간략한 추정(formulation)이 있어야 한다. 은톨이가 된 원인 파악은 은톨이 심각도와 더불어 맞춤형 개별 치료 대책 수립에 가장 중요하기 때문이다.

가족관계, 가정 환경 파악

부모의 정신 · 신체적 건강 상태는 어떤지, 학력 · 경제 상태는 어떤지, 가족 간 갈등이 있는지, 자녀 양육 방식은 어떤지, 보호자의 성격은 어떤지 파악해야 한다. 보호자는 은톨이 자녀를 만든 가해자가 될 수도 있고, 반대로 피해자가 될 수도 있다. 또한 보호자 자신은 위로받고 치료받아야 할 대상이 되기도 하며, 교육을 통해 은톨이 자녀에 대한 치료자의 역할을 해야 한다.

치료 협조, 치료 반응 예측

치료에 대해 은톨이 당사자, 보호자, 치료자 모두가 만족한 결과를 얻는 것은 아니다. 실제로 2006년 필자의 가정 방문 사업 결과(이영식, 대한청소년정신의학회, 2009), 만족도를 보면 부모 75.6%, 치료자 48.7%, 당사자 43.9% 순으로 가정 방문 사업에 긍정적 태도를 보였다. 당사자의 경우 26.8%가 치료에 비협조적이었으며 17.1%는 치료에 거부적이어서 총 43.9%가 치료에 부정적 반응을 보였다. 이들에 대한 사례 분석 결과, 은톨이 성향에 따라 치료에 협조적인 유형, 치료에 저항적인 유형, 치료에 수동적인 유형, 즉 세 가지 유형이 존재한다고 판단되었다.

	치료에 협조적인 유형	치료에 저항적인 유형	치료에 수동적인 유형
성격 양상	회피적 성향	반항적 · 자기애적 성향	조현성, 자폐성향
병식	내 탓	남탓	없음
핵심감정	불안, 우울	의심, 분노, 원망	감정 갈등 없음
현재 처지 인식	인정	부정	고수
치료 태도	치료 원함	양가적 감정	소극적

* 출처: 이영식(2011).

〈표 1〉 은둔형 외톨이 치료 태도의 세 가지 유형

23

은톨이 치료 전문가들이 숙지해야 할 치료 수칙 열두 가지

은톨이는 어느 누구 한 사람 때문에 발생한 문제가 아닌 사회적 문제이며, 단기간에 해결할 수 있는 문제가 아닌 장기적 계획이 필요한 문제이고, 아무리 경험 많고 유능한 치료자라도 혼자 해결하기에는 벅찬 일이다. 따라서 부모도 포함된 다양한 분야의 은톨이 치료자들이 숙지해야 할 공통된 마음가짐을 정리해 보면 다음과 같다.

1. 은톨이는 당사자 개인만의 문제는 아니다. 가족, 사회가 함께 해결해야 할 문제이다.

2. 우선, 학업, 취직 스트레스, 경제적 부담을 줄여 주어야 하며, 성취 가능한 아주 단순한 목표부터 출발하여야 한다.

3. 자극적인 말보다는 사소한 긍정적 변화에 관심과 고마움, 칭찬을 보여야 한다.

4. 치료란 엄청난 인내심이 요구되는 작업이므로 웬만한 일로 좌절해서는 안 된다.

5. 좋아졌다고 서두르면 자칫 다시 원점으로 회기할 수 있다. 아주 천천히 한 단계씩 접근해야 한다.

6. 부모 역시 도와주어야 할 대상이다. 희생자인 동시에 치료자 역할을 해야 하기 때문이다.

7. 부모 역시 변해야 한다. 부모 교육, 부모 치료가 동시에 시행되어야 한다.

8. 당사자들이 스스로 찾아 도움을 받고, 그들의 목소리와 요구 사항을 반영할 수 있는 온라인 창구 개발이 필수적이다.

9. 당사자들이 온라인 치료의 주인공이 되거나 오프라인의 서포터가 되는 치료 방안이 효과적이다.

10. 지역사회 중심의 발굴-평가-치료-재활, 각 분야의 전문가들끼리 긴밀한 협조가 잘 이루어져야 한다.

11. 은톨이가 각자 처한 입지가 매우 다르므로 개별적 맞춤형 치료가 이루어져야 한다.

12. 최종 목표는 은톨이를 집 밖으로 끌어내는 것이 아니고, 그들로 하여금 자발적으로 생산적인 일을 하게 만들고 대인 관계 접촉을 늘리도록 하는 것이다.

24

은톨이 당사자들을 위한 치료 방법

일본의 경우

히키코모리 지원센터

장기간 사회로부터 격리된 은톨이들을 돕는 건 쉽지 않은 일이다. 콘도 박사의 연구에 따르면 일본에서 은둔한 사람들이 평균적으로 처음 지원을 받기 시작하는데 걸리는 시간은 4.4년이다. 전화 상담, '만남의 광장'의 창설, 직업적 지원 등의 여러 지원이 특히 정신 건강복지센터나 50개 이상의 일본 후생성 지원 히키코모리 지역사회 지원센터를 통해 일본 각 현의 히키코모리를 위해 시행되었다. 또한 여러 사설 기관이 은톨이와 그 부모들을 위한 지원을 제공했으나 아직은 이런 공적/사적 개입들에서 통일된 증거 기반(evideuce-based) 방법은 부족한 상황이다. 은톨이의 2010년 일본 후생성 가이드라인에서 네 가지 단계의 개입이 추천된다. 첫 번째, 가족 지원은 은톨이에 대한 첫 번째 접촉이자 평가이다(은톨이에 대한 가족 지원은 26장에 서술되어 있다). 두 번째는 개인에 대한 지원이며, 세 번째는 집단 치료 같은 임시적인 집단 상황에서의 훈련이며, 네 번째는 사회적 참여 시도이다. 일본은 최근 근거중심의 치료적 접근을 개발하기 위해 공공 히키코모리 지원센터와의 협업을 통해, 특히 공공 연구 펀드를 통해 대학 병원에 히키코모리 임상 연구 단체를 설립하였다.

온라인 기반 개입

2016년 여름, 위치정보와 증강현실을 활용한 온라인 게임 포켓몬GO가 발매되면서 세계적인 흥행을 거두었다. 증강현실은 현실세계를 반영하면서도 확장시켜 음향, 그래픽을 추가하는 기법으로, 이러한 기술들이 은톨이를 지원하는 데 유용할 수 있다. 연구결과에 따르면, 몇 년째 외출하지 않고 있는 은톨이가 포켓몬들을 찾아 집을 떠나고 있다고 한다. 놀랍게도, 한 환자는 이전에 외출을 거의 하지 못하던 사람이었음에도 불구하고 포켓몬GO가 등장하면서 매일 모험을 떠나기 시작했다. 불행히도 몇 달이 지나자 그는 게임에 싫증이 나면서 효과는 일시적이었지만, 그러한 기술을 기반으로 한 은톨이 지원 접근법은 초기 단계에서 특히 효과적일 가능성이 있으며, 산업-학문 간의 협업(중개연구)을 통한 이러한 도구들을 개발함으로써 많은 것을 기대할 수 있을 것이다.

나아가, '은둘이 자신이 치료를 받으려고 하는가?'라는 질문을 던져야 한다. 흥미롭게도, 국제적인 조사 결과, 많은 은톨이가 현재 상황에 대한 돌파구로서 약물 치료보다 정신 치료를 선호하였다. 은톨이는 웹카메라를 이용한 온라인 치료나 그와 비슷한 방법들(전화를 이용한 원격 정신건강의학과 진료 등)을 선호할 것이라는 기대가 있었으나, 예상과 달리 직접적인 대면 치료를 원하는 사람들이 훨씬 많았다.

가정 방문과 가족 치료

가정 방문과 가족 치료는 은톨이 치료법으로 매우 각광받고 있다. 가토 교수는 최근 출판한 종설논문에서 "혼자 살거나 심각도가 중증인 은톨이는 가정 방문 치료가 효과적이다."라며, 일본 문화에서는 집을 방문하는 것이 어렵다고 기술하고 있으나, 일부 연구자는 일찍이 가정 방문을 비롯해 가족을 개입시키는 다양한 치료법을 개발했다.

그 예로 사마토 다마키의 '열린 대화 치료'와 미야나시의 '4단계 가족 치료'가 대표적이며, 최근 가정 방문 치료를 결합한 가토 교수의 '단계별 치료 모델'이 규슈 지역에서 활발히 사용되고 있다.

① 개방형 대화 요법

개방형 대화 요법(open dialogue therapy)은 본디 핀란드에서 1980년대 후반 정신 질환을 치료하기 위하여 정신역동적이고 체계적인 가족 치료 이론을 기반으로 만들어진 치료 기법이다. 현재 미국과 유럽을 비롯한 많은 나라에서 사용되고 있다. '개방형 대화'는 지역사회 기반의 통합된 치료 시스템을 형성하고, 가족과 사회적 관계망이 치료의 매우 극초반부터 개입하기를 권장하고 있으며, "대화술(dialogue practice)", 즉 치료적이고 확연한 형태의 대화를 강조한다. 개방형 대화 요법은 일곱 가지 치료 원칙을 가지고 있는데, 이는 다음과 같다. 즉각적으로 도움을 줄 것, 사회적 관계망의 시작을 따르를 것, 유동적이고 유연할 것, 책임감을 가질 것, 심리적인 연속성을 가질 것, 불확실성을 인내할 것 그리고 대화하고 조화할 것이다.

환자가 처음 발병을 하게 되면, 가능한 한 가장 빠른 시기에 가족을 포함하여 친구나 직장동료 등 사회적 관계망의 일원과, 의사, 사회복지사, 임상심리사 등으로 이루어진 팀이 모여 함께 환자의 치료 방향에 대해 논의를 하게 된다. 이때에 모든 목소리는 '동등한' 권한으로 인정받고, 어떠한 결론이 나 있는 상태에서가 아니라 열린 관점에서 대화를 하게 된다. 모든 구성원에게는 말하는 것보다 듣도록 하는 것이 중시된다.

사이토 다마키는 이러한 개방형 대화 요법을 은톨이에 응용하도록 하였다. 가족들을 비롯해 다양한 사회적 관계망의 사람들이 모인 자리에서, 은톨이들은 스스로에 대해서 이야기할 수 있는 기회를 얻는다. 평소 비판과 논쟁하는 방식으로 의사 소통하던 가족들은 열린 자세로 환자와 소통하게 되며, 이러한 소통에 대해 제3자로부터 피드백받게 되면서 병적인 소통 방식을 개선하게 된다. 이를 통해 은톨이가 이해받고 가족의 지지를 얻을 수 있게 되는 것이다.

② 미야니시 4단계 치료법

와카야마 대학의 미야니시 테루오 교수는 20년간 은톨이를 치료해 오면서 대학교에 적응하기 힘들어 했던 환자 120여 명의 경험을 기반으로 독자적으로 은톨이를 치료하기 위한 방법을 연구하였다. 그는 다음과 같은 4단계의 치료를 제안하였다.

- 1단계(도입기): 가족에 대한 프로그램 설명, 의사의 가정 방문 진찰, 정신 건강 전문가 파견
- 2단계(치료기): 긴장감을 완화하는 약물 요법과 개인 정신 치료, 가족에 대한 상담과 지원
- 3단계(친구 만들기): 아미고(자조 모임) 참여, 의사 소통 기술을 배우는 집단 정신 치료
- 4단계(사회복귀 준비): 아미고(자조 모임) 참여, 의사 소통 기술을 배우는 집단 정신 치료

이러한 치료 방법은 일본 후생성의 4단계 접근법과 어느 정도 비슷한 측면이 있으며, 현재 이러한 단계적 치료가 가장 효과를 극대화할 수 있을 것으로 기대된다.

③ 가토 단계별 치료 방법

가토 교수는 상술한 모든 방식의 치료를 결합하여 환자 중심

치료의 모델을 구상하였다. 그는 새롭게 개발된 진단기준과 다양한 치료법을 결합해, 각각의 치료가 환자의 심각도에 따라 다르게 적용될 수 있을 것이라고 기대하였다. 이러한 치료의 핵심은 단일 전문가가 개입하는 것이 아니라, 히키코모리 지원센터의 상담사나 사회복지사, 병원의 의사와 간호사, 주민센터의 공무원, 부모, 환자가 모두 긴밀한 관계를 유지하며 연계하는 구조를 만드는 것이다. 다른 정신 질환과는 다르게, 은톨이는 '증상이 심각할수록 발견되기 어려운' 구조를 가지고 있다. 따라서 치료 시기를 놓치기 쉽게 되는 것이다. 이러한 연계의 실재에 대해서는 제26~27장에서 더 구체적으로 다루도록 하겠다.

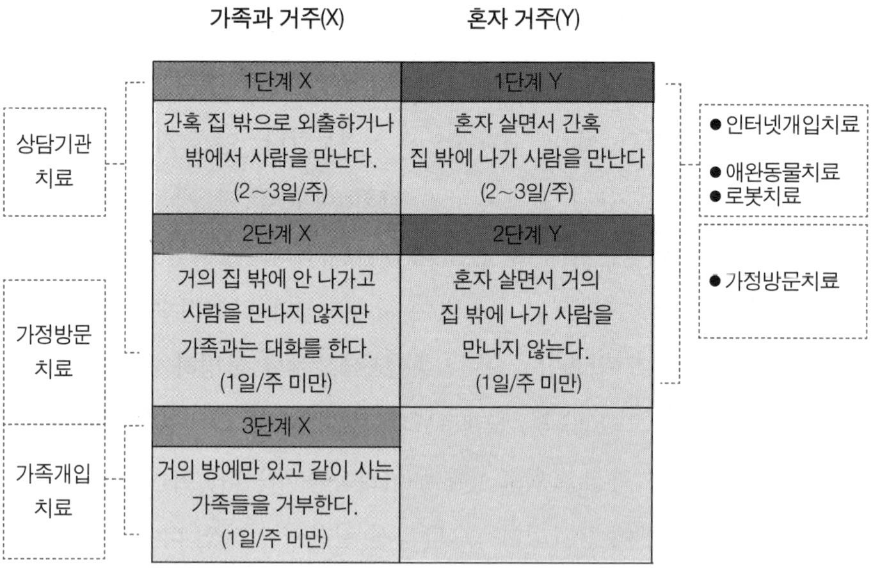

[그림 13] 행동반경과 사회적 접촉에 따른 은둔형 외톨이의 심각성 단계 분류에 따른 맞춤치료(Kato 2017)

생물학적 개입(약물 치료)

지금까지 은톨이 치료에서 생물학적 개입은 제대로 연구되지 않았다. 가설적으로 염증과 산화 스트레스가 은톨이에 기여하는 요소일 수 있기 때문에, 항염증/항산화 약물이 은톨이 증상을 개선시킬 수 있을 것이다. 항생제의 일종인 미노사이클린(minocycline)은 미세아교세포(microglia)에 억제 효과를 가지고 있는데, 이것이 강한 사회적 스트레스 상황에서 사회적 결정능력을 변화시킬 수 있을 것으로 주장되었다. 그래서 이러한 미세아교세포 활성을 목표로 하는 약물들이 은톨이 행동을 해소하는 작용을 할 것이다. 그러나 이러한 약물의 효능을 명확히 하기 위해서는 향후 임상시험이 뒷받침되어야 한다.

다차원 평가 및 치료 전략(일본 클리닉 소개- 규슈 대학병원)

은톨이 환자에게 치료적 자원을 제공하기 전에, 다차원 평가가 필수적으로 수반된다. 일본의 히키코모리 연구 클리닉에서는 생물정신학적 모델(Bio-Psycho-Social Model)을 바탕으로 다양한 측면을 평가해 오는 내용을 소개하려 한다. 발병 연령, 발병 유발 요인, 은톨이 조건의 심각성(은둔 기간, 자신의 방/집에서 외출하는 빈도, 가족 및 친구와의 접촉 등) 등을 평가해야 하며, 이를 바탕으로 새로운 은톨이 진단기준이 개발되고 있다. 평가 시간을 단축하기 위해, 최근에는 25개 문항의 히키코모리 설문지(HQ-25)라는 자체

평가 설문지가 개발되었는데, 이 설문지는 진행하는 데 2~3분 밖에 걸리지 않으며, 따라서 은톨이 전문가가 없어도 은톨이 지원 부서에서 보다 광범위하고 쉽게 사용될 것으로 예상된다. 또한 HQ-25의 온라인 버전 또한 개발되고 있는데, 이 버전은 은톨이의 예비 단계부터 심각한 단계까지 사용될 것으로 생각된다. 또한 은톨이는 정신 질환의 동반 이환율이 높아 DSM-5/ICD-11에 근거한 진단적 면담을 실시해야 하며, 초기 수준의 증상도 평가되어야 한다. 종합심리평가를 시행하는데, 정확하고 객관화된 검사를 통해 무의식적인 의사결정 과정을 평가하고 결과적으로 대인 관계 양상을 예측할 수 있다. 혈액검사나 뇌 기능 검사, 뇌파검사를 통한 평가가 은톨이의 생물학적 원인의 기초를 이해하는 데 도움이 될 수 있다. 이 같은 평가 결과에 따라 각각 다양한 지원이 이루어진다. 은톨이가 동반 정신 질환을 앓고 있는 경우 각 질환의 가이드라인에 따른 약물 치료, 심리 치료 및/또는 심리사회적 개입이 이루어져야 한다. 현재 알려진 바로는, 대부분의 은톨이는 약물 치료뿐만 아니라 심리 치료 등 심리사회적 개입도 필요로 한다.

동물 및 로봇 치료

홍콩에서는 은톨이가 전체 인구의 1.9% 정도를 차지하고 있으며 사회적 고립이 주목할 만한 사회적 이슈로 떠오르고 있다. 그 결과로, 사회사업가들이나 치료사들에 의해 다양한 은톨이 지원 방법이 개발되고 있다. 예를 들어, 은톨이는 다른 사람들과 직접적으로 접촉하는 것에 부정적이라는 가설 아래, 동물 치료 프로그램이 이런 거부감을 완화시키는 완충제(buffer)로서 도입되었다. 개와 고양이 같은 동물과 직접 접촉하는 것이 집이라는 경계선을 벗어나기 위한 단계가 될 수 있으며 이는 예비 연구에서 입증되었다.

더욱이 강아지와 유사한 로봇인 소니의 아이보(Aibo) 같은 애완로봇(pet-like robot)들이 첨단 기술을 기반으로 개발되었고, 이를 통해 사람들이 정서적 만족감을 가지고 의사 소통을 할 수 있게 되었다. 이러한 로봇들은 정신 질환, 특히 자폐증이나 치매로 인한 사회성 문제를 해결하기 위해 다양한 상황에서 활용되었다. 우리는 이러한 로봇들이 특히 은톨이 1인 가구의 외로움을 어느 정도 해소할 수 있다고 믿는다. 감정적인 수준까지 대화가 가능한 애완 로봇들이 현재 빠른 속도로 개발 진행 중이며, 이러한 로봇들이 외로움을 완화시키고 사회적 상호작용 능력이나 사회성을 기르는 데 첫 번째 단계가 될 것으로 기대된다.

한국의 경우

최근 치료에 대한 협조도에 따라 은톨이를 세 가지 유형으로 나누는 것이 제안되고 있다(22장에서 언급). 치료에 협조적인 유형의 경우 병을 본인의 탓으로 돌리는 경우가 많으며, 불안과 우울이 핵심 감정으로 나타난다. 환자는 현재 자신의 처지를 인정하는 경우가 많고 스스로 치료를 원하게 된다. 치료에 저항적인 유형의 경우 반항적이며 자기애적인 성향이 강하고 병에 대해 남의 탓으로 돌리는 경향이 있다. 의심, 분노, 원망이 핵심 감정이며 치료에는 양가적 감정을 가지고 있다. 치료에 수동적인 유형의 경우 조현성, 자폐 성향을 가지고 있으며 감정 갈등은 보이지 않고 치료에 소극적인 태도를 보인다.

은톨이의 심각도, 동반 질환 유무, 가족의 처지에 따라 어떤 경력의 치료자가 누구(당사자, 가족)를 대상으로, 어디에서(상담 치료소, 병원, 집), 어떤 방법으로 치료하느냐가 결정된다([그림 14] 참조).

당사자 개인 치료	가정 지원책
• 정신 치료, 상담 치료 • 정신 약물 치료 • 비대면 치료 : 온라인 치료, 전화 치료 • 예체능 치료 • 동물 치료 • 로봇 치료	• 가족교육 • 가족 치료 • MHFA(Mental Health First Aid) • CRAFT(**C**ommunity **R**einforcement **A**nd **F**amily **T**raining)
당사자 집단 치료	**가정 방문 치료**
• 집단 심리 치료 • 동호회 치료 (구,유자살롱) • 캠프: 음악캠프 K2 한일 청소년 포럼 • 기숙치료: K2 인터내셔널	• 사이토 모델 • 미야나시 모델 • 가토 모델 • 이영식 모델(국가청소년위원회, 2006)

[그림 14] 은톨이 당사자를 대상으로 한 다양한 치료와 가족 지원책

리듬 치료

여인중 교수가 저술한 『은둔형 외톨이』(2005)에 수록되어 있는 리듬 치료는, 은톨이가 하루의 리듬(수면 패턴, 식사, 호흡, 심장 박동 등)이 깨져 있으며, 몸 밖의 리듬과 몸 안의 리듬 운동이 조화를 이루어야 마음이 건강하다는 이론를 기반으로 개발되었다. 리듬이 조화를 이루면 세포가 활성화되고, 신경 전달 물질, 특히 세로토닌의 분비가 늘어나 증상을 호전시킨다. 외부 리듬을 호전시킬 수 있는 운동에는 북치기, 산책, 조깅, 무용 등의 활동을 이용하고, 내부 리듬 운동을 호전시키기 위해 명상, 참선 등을 활용한다. 이러한 두 가지 리듬 치료, 즉 외부적 리듬 치료와 내부적 리듬 치료를 이용하면 효과적으로 세로토닌을 증가시켜, 은톨이의 증상을 호전시킬 수 있을 것으로 기대한다.

음악 치료: 유자살롱 밴드, 인지 행동 음악 치료

우리나라에서 최초로 은톨이에 관심을 가진 사회적 기업은 유자살롱이다. 유자살롱은 학교를 다니지 않는 학교 밖 청소년, 은둔형 외톨이들을 대상으로 음악을 교육하고 함께 밴드 공연을 함으로써 생활예술인이 될 수 있는 교육 기회를 제공하고 같은 흥미를 공유하는 친구들을 만드는 취지로 설립되었다. 유자살롱은 '집 밖에서 유유자적 프로젝트' '직딩예술학교' 등 좋은 프로젝트를 나수 운영하였으나, 운영비 문제로 5년간 활동하다가 아쉽게도 2015년 활동이 중지되었다.

한편, 중앙대학교 이영식 교수에 이어 은톨이 연구를 진행 중인 공동필진인 대구가톨릭대학교의 최태영 교수는 음악이 가지고 있는 치료적 요소에 착안하여 게임과몰입 청소년을 위한 음악 치료 프로그램을 개발하였다. 음악 치료란, 음악을 매개로 하여 사람의 정신, 감정, 사회적 · 신체적 건강의 증진과 재활을 도모하는 치료법이다. 최태영 교수는 인터넷 중독, 스마트폰 중독 등에 효과를 가지는 치료를 개발하였으며, 주로 타악기 즉흥 연주, 가사 창작과 개사, 지휘 치료, 합주와 노래 합창 등 기존 음악 치료에서도 활용되는 다양한 기법을 포함한다. 주 치료자(음악치료사)와 보조 치료자(정신건강의학과 의사, 심리상담사, 사회복지사 등)의 협업을 통해 음악적으로 완성도가 높으며 인지 행동치료적인 기법이 합쳐져 불안, 충동성 등 다양한 범위의 정신 증상에 대해서도 뛰어난 효과를 거두었다. 소아 · 청소년을 대상으로 하여 흥미를 유발하고 순응도가 매우 좋았던 것으로 나타났으며, 현재 은톨이를 위한 수정 프로그램을 은톨이에 적용하기 위한 후속 연구가 계획되고 있다.

기숙치료

2012년 K2 인터내셔널은 서울 성북동에 '쉐어하우스', 즉 공동주거 시설을 설립하여 현재까지 활발히 운영하고 있다. K2 인터내셔널은 32년 전 일본에서 탄생한 단체로 공동 생활을 기반으로 한 청소년 자립을 지원해 왔다. K2 인터내셔널은 앞서 말한 것과 같이 많은 프로그램을 운영하고 있지만, 그중 가장 역사적이고 유명한 프로그램은 함께 기숙 생활을 하면서 역할 분담(같이 식사하기, 가사를 분담하기, 일자리 체험 등)을 함으로써 개개인에 가장 알맞은 재활을 할 수 있도록 도와준다. 친구, 동료를 만들고 스태프들과 함께 생활을 하면서 규칙적인 생활 습관과 소통 능력을 키울 수 있다. K2 인터내셔널은 치료의 큰 틀을 5단계로 제시한다. 처음에는 즐거운 일을 하고 마음을 맞는 사람을 만나는 충전 기간, 두 번째에는 식사, 집안일, 규칙적인 수면 등 생활습관을 바로잡고 살아가기 위한 생활 기술을 습득하는 기간이다. 세 번째는 일하는데 필요한 기본 능력을 배우기 위한 직업기술을 배우는 과정이다. 네 번째는 실제 취업과 자립을 위해 일자리를 탐색하며, 그 과정에서 포기하지 않도록 돌봄을 제공한다. 마지막 다섯 번째는 'Pay it forward', 즉 지원을 받는 입장에서 지원을 해 주는 입장으로의 전환으로, 후배들을 도와주면서 서로 도와주는 관계로 나아가 진정한 자립을 이루어 낸다.

가정 방문 치료

제3장에서 언급한 2006년 실시된 국가청소년위원회 은둔형 부적응 청소년 지원 사업의 결과는 최근까지도 은톨이의 가정 방문 치료의 효과를 보여 주는 좋은 연구 결과로 인용되고 있다. 은톨이는 집에서 나오지 않으므로, 치료의 시기를 놓치기 쉽다.

특히 병원이나 상담소에서 환자나 내담자를 치료하는 전통적인 치료 모델로는 은톨이에게 접근할 수가 없다. 가정 방문 치료는 사회복지사나 의사, 간호사 등의 치료진이 사례 관리를 하며 은톨이에게 필요한 정신 건강서비스를 제공하는 형태로 이루어진다. 은톨이는 사회적 상황을 회피하거나 두려워하는 것이 아니라, 기회가 없기 때문에 하지 못하는 것이 일반적이라는 측면에서, 막상 가정 방문이나 비대면 치료(온라인이나 전화 치료를 포함)를 시도하는 것이 의외로 뛰어난 효과를 거둘 수 있다. 다만, 첫 방문에서 은톨이에게 너무 과도한 개입을 서두르는 것은 오히려 역효과를 불러일으킬 수 있다. 은톨이가 방 밖으로 나오게 하기 위해서는 처음에는 현관문에서 초인종을 통해, 그다음에는 방문 건너, 마지막으로는 직접 대면하는 식으로 단계적인 접근이 효과적일 것이다. 한국식 맞춤 치료의 시작으로 가정 방문 치료는 매우 효과적일 것으로 기대된다.

25

정신분석 치료의 가능성

정신분석과 정신역동 정신 치료

은톨이는 시대적이고 사회 · 문화적인 요소에 영향을 받아 시작되었다. 프로이트(Freud)가 처음으로 정신분석을 발전시키던 시기에, 그가 가장 관심을 가졌던 질병은 히스테리였다. 프로이트는 당시 불안한 사회상에 의해 여성들 사이에서 마치 전염병처럼 퍼져 나가던 히스테리를 정신분석을 이용하여 치료하였고, 큰 효과를 보았다. 현대 사회에서 이러한 히스테리는 거의 사라졌지만, 시대적 맥락에 따라 현대형 우울증이나 은톨이와 같은 새로운 정신병리 현상들이 출현하고 있다. 시대는 변하였지만, 이러한 우울이나 은둔 현상은 한 사람의 마음속에서 일어나는 갈등의 표현형이라는 점에서, 정신분석적 정신 치료가 도움이 될 수 있다. 일본에서 처음으로 은톨이를 연구한 학자들인 사이토 타마키, 사이토 카즈히코, 콘도 나오지 등은 모두 정신분석이나 정신 치료를 전공한 학자들이었다는 점에서, 정신 치료를 은톨이의 치료에 활용하고자 하는 시도는 꾸준히 이루어졌다.

최근 가토 교수가 저술한 종설논문에서는 정신분석적 정신 치료를 활용하기 위하여 페어베언(Fairbairn)과 위니콧(Winnicott) 등의 학자들의 이론으로 은톨이들이 고립될 수밖에 없는 환경에 처하게 된 것을 설명하고 있다. 그에 따르면 은톨이에게 충분한 양가감정과 침묵을 다루면서 '혼자 있을 수 있는 능력'을 만들고, 이러한 접근으로 신체적 고립을 완화하게 되는 것을 기대할 수 있다고 하였다.

영국의 정신분석학자인 페어베언은 전쟁 신경증(외상 후 스트레스 장애)에 대한 정신분석적 연구에서 건강한 사람들을 포함한 모든 인간에게는 두 가지 인격 요소가 있다고 가정했는데, 흥분시키는 대상(exciting object)과 거절하는 대상(rejecting object)이다. 은톨이 현상은 거절하는 대상의 극단적인 표현일지도 모른다. 페어베언의 이론에 따르면 고립되려는 성향은 인간의 본능적인 성향이다. 인터넷, 휴대폰, 그 외의 휴대 기기들의 대중화에 더불어 우리는 우리가 어디에 있던 누군가와 연결되어 있다. 이런 상황에서 사적인 세상이 갑자기 공적인 시선으로 드러나게 되는 것이 현대 사회를 '편안히 혼자' 있을 수 없게 만드는 것이다. 어쩌면 우리가 항상 연결되어 있는 사회에 있기 때문에 '고립'이 더욱 극단적인 형태를 띄게 되는 것일지도 모른다. 은둔 행동은 은둔할 공간을 잃은 현대인의 원시적인 욕망에서 비롯된

무의식적이지만 절박한 행동일 수도 있다. 은톨이를 구출하는 열쇠는 '사람이 편안하고 안전하게 혼자 있을 수 있는 정신적인 공간을 재획득하는 것'일 수 있으며, 이러한 재획득에는 정신분석이 유용하게 작용할 수 있다. 정신분석적 정신 치료, 특히 정통 정신분석에서는 '속하기를 원하'면서도 '떠나기를 원하'는 양가감정이 치료 세션 내의 침묵의 시간 동안에 환자와 치료자 사이에 공유된다. 두 사람이 함께 있지만 침묵할 공간을 만들 때, 위니캇이 말했던 혼자 있을 수 있는 능력이 생기게 되며 이러한 접근이 방어적인 신체적 고립을 완화시킬 것이다. 개인 정신 치료에 더불어 정신분석적 집단 치료는 은톨이로 하여금 집단 내에서 앞에 설명한 양가감정을 느끼는 동시에 다른 사람들을 관찰하게 되어 매우 효과적이다.

정신분석적 정신 치료로 치료한 사례

T양은 20대 중반의 젊은 여성이었다. T양은 대학교를 졸업한 후로 집에서만 주로 지내고, 항상 우울해하고 친구를 사귀지 못해서 병원에 오게 되었다. 그녀의 부모님은 사이가 좋지도 나쁘지도 않았고, 그녀를 제외한 언니와 남동생은 직장 생활과 학교 생활을 잘 하고 있었다. 그녀는 중 · 고등학교 시절 반에서 왕따를 심하게 당했고 아무도 같이 밥을 먹어 주지 않고 무시하는 것에 대해 트라우마가 있다. 그녀는 중간 정도의 성적으로 고등학교를 졸업하고 대학교에 진학했지만, 대학에서도 좋은 대인 관계를 만들지 못했고, 겨우

겨우 졸업한 후로 취직할 의지 없이 집에서만 지내게 되었다. 시간이 지날수록 그녀의 부모님과 형제들도 그녀에게 '빨리 취직을 하고, 독립을 해라'라며 압박을 주기 시작하였고, 이로 인해 가족들과 자주 말싸움을 하여 더욱 우울하고 힘든 상태가 되었다. 이때부터 T양은 우울증이 동반되었고, 하루 종일 눈물을 흘리고, 무기력하며, 잠을 잘 자지 못하고 식사도 거르는 일이 많아졌다. 그녀의 부모님은 그녀에게 병원 진료가 필요하겠다고 여겨 병원 진료를 보기 시작하였다. 현재 6개월 정도 그녀는 상담과 약물 치료를 병행해서 받고 있다. 항우울제는 기분 증상을 잘 조절해 주었지만, 아직 그녀는 취직을 하거나 친구를 사귀고 집 밖에 나갈 수 있는 정도의 상태는 되지 못하였다. T양은 대인 관계에 대한 열망이 크고 외로움의 감정을 많이 느끼고 있지만, 상대방에게 왕따, 괴롭힘을 당한 트라우마로 인해 대인 관계를 제대로 형성하지 못하고 있다. 이런 T양에게는 정신분석적 정신 치료를 통해, 치료적 관계를 형성하고, 그 치료적 관계 속에서 과거의 경험들과 대인 관계 패턴을 반복하는 과정이 진행된다. 치료적 작업 과정에는 심한 저항이 있을 때도 있고, 치료자를 마치 과거의 중요한 인물로 느끼는 전이가 나타난다. 환자는 꾸준히 치료를 받으면서 치료자와 신뢰 관계를 형성해 나가고 있으며, 현재는 직업 재활을 위해 취업 상담센터도 다니고 가족들과의 관계도 많이 회복하는 등 좋은 치료 경과를 보이고 있다.

26

은톨이 가족을 대상으로 한 지원책

부모는 어떤 방법으로 전문가들에 조언을 구해야 하는가

은톨이는 스스로 치료 받고자 하는 의지가 부족한 경우가 많기 때문에, 자신이 원하기보다는 가족들의 권유나 설득에 의해 억지로 병원이나 센터를 방문하는 경우가 많다. 따라서 가족을 통한 지지와 교육 등이 필수적이다. 하지만 은톨이에 대한 사회적 편견과 오해, 잘못된 이해, 낙인 등으로 인해 은톨이의 치료와 회복을 위한 병원이나 센터 등 전문 기관을 찾기 어려운 상황이다. 이러한 은톨이에 대한 편견과 오해, 잘못된 이해 등으로 인해 적절한 치료 시기를 놓치게 되면 은둔 상태가 만성화될 수 있다. 따라서 은톨이에 대한 적절한 가족 개입은 통상 은톨이가 스스로 치료에의 의지를 가지게 하는 것을 목표로 하고 있으나 가족 개입 방법에 대한 증거 기반 연구는 아직 거의 이루어지지 않았다. 최근 일본의 규슈 대학 히키코모리 임상 연구소에서는 정신 건강응급구조법(Mental Health First Aid: MHFA)을 기반으로 하여, 가족이 개입을 할 수 있도록 교육을 해서 은톨이의 상태를 평가하고 도움을 줄 수 있는 방법을 연구하고 있다. 정신 건강응급구조법이란 호주에서 개발되어 우울, 불안, 알코올 의존 등의 정신 질환에 대해 5단계 접근법을 시행하는 방법이다.

- 1단계: 환자에게 접근, 위기에 대해 평가, 지지
- 2단계: 비판단적/무비판적으로 듣기
- 3단계: 지지와 정보의 제공
- 4단계: 전문적인 도움을 받을 수 있도록 격려
- 5단계: 다른 지지와 도움을 받을 수 있도록 격려

규슈 대학 연구진은 여기에 더하여 인지 행동치료 기반 가족 개입을 활용하여 5일간의 훈련을 은톨이의 가족들에게 시행하였으며, 예비 연구에서 효과를 입증했다.

앞서 언급되었듯이 은톨이의 증상을 고려할 때 기존의 병원 기반 접근은 한계를 가질 수밖에 없다. 2006년 13개 정신 건강복지센터를 기반으로 하여 모집된 41명의 은톨이를 대상으로 5회기의 가정 방문 프로그램을 시행하였으며, 전반적인 기능 수준이 회복되는 치료 효과가 확인되었다. 또한 가정 방문은 향후 정신건강의학과 외래 통원 등 전문적인 후속 치료로의 연계에 효율적이었다는 점에서 기대가 크다.

은톨이에 대한 치료적 개입은 현실적으로 굉장히 많은 어려움이 있다. 콘도 교수에 따르면, 일본에서는 사회적 고립으로부터 평균 4.4년이 지난 후에야 처음으로 지원을 시작하게 된다고 한다. 일본에서는 은톨이에 대한 지원이 꾸준히 발전되어 왔다. 2009년 일본 후생노동성에서는 '히키코모리 대책 추진 사업'의 일환으로 히키코모리 지역지원센터(Hikikimori community support center)를 설립하였다. 히키코모리 지원센터는 히키코모리에 특화된 전문적인 센터로, 전국에 50여 개 이상이 설치되어 활발하게 히키모코리의 지원 사업을 벌이고 있다. 히키코모리의 특성상 내방이 어려운 경우가 많으므로, 방문 상담뿐 아니라 전화 상담, 직업 지원, 만남의 공간 제공 등의 지원 사업들이 이루어지고 있다.

한국에서는 공공기관인 정신 건강복지센터와 보건소 등에서 무료로 상담 · 지원을 제공하고 있지만, 은톨이에 대하여 국가 주관의 지원 대책은 아직까지 매우 미비하다. 2019년 10월 광주광역시에서 최초로 은둔형 외톨이에 관한 조례를 제정하고 2020년 9월 실태 조사를 실시했고, 2020년 8월 서울시에서 조례 제정을 위한 토론회를 개최한 정도이다.

하지만 그중 지역사회 청소년통합지원체계(Community Youth Safety-Net: CYS-Net)는 지역사회 공공기관, 청소년 지원 기관 및 단체들이 협력하여 학교 부적응, 인터넷 중독, 은둔형 외톨이 등 위기청소년을 발견하여 보호하고 지원하는 체계이다. 2005년부터 지역 내 위기청소년들(9~24세)에게 지방자치단체(시 · 도,

시 · 군 · 구)에서 설치/운영하는 '청소년상담복지센터'가 중심이 되어 상담, 긴급구조 및 보호, 자립 등 맞춤형 서비스를 통합적으로 제공하고 있다. 또한 2015년 「학교 밖 청소년 지원에 관한 법률」이 제정되었고, '학교 밖 청소년 지원 사업'을 통해 한국청소년상담복지개발원과 전국 청소년지원센터 '꿈드림'에서는 학교 밖 청소년들에게 다양한 서비스를 제공하고 있다. 학교 밖 청소년들의 개인적 특성과 상황을 고려하여 상담 지원, 교육 지원, 직업체험 및 취업 지원, 자립 지원 등의 프로그램을 제공하고 있다.

한국 은둔형외톨이 지원연대는 2020년 11월 발족된 은톨이를 위한 첫 시민단체다. 은톨이를 대상으로 직간접 지원과 상담, 교육 연구 사업을 해 온 16개 단체와 개인이 이 연대에 참여했다(꿈터청소년대안공동체, 노원청소년상담복지센터, de:)ight,(사람마중, 사람을세우는사람들, 새바람사회적협동조합, 생명의전화종합사회복지관, 자립지원센터내비두, G'L 학교밖청소년연구소, 청년협동조합더오늘, K2 인터내셔널 코리아, 트립티, 파이교육그룹, 한빛청소년대안센터). 이 연대는 은톨이 및 가족 지원 활동과 사회 인식 제도, 지원시스템 구축 및 발전활동 등의 개선 사업, 국/내외 교류 및 협력 활동 같은 대외 협력 사업, 은톨이 관련 조사 · 연구 · 교육 활동을 시행하고 있다.

현재 한국 내에서 가장 대규모로 은톨이에 대한 사회적 지원을 하는 단체는 사회적 기업인 'K2 인터내셔널 코리아'이다. K2 인터내셔널은 1989년 일본에서 설립된 단체로 현재는 일본뿐 아니라 뉴질랜드, 호주, 한국 등 국제적으로 등교 거부, 은톨이, 니트

(NEET) 등의 어려움을 겪는 청년들을 돕기 위한 활동을 지속하고 있는 사회적 기업이다. 현재 국내에서도 공동 생활 프로그램(쉐어하우스), 직업 훈련 프로그램, 해외 연수 프로그램 등을 운용하고 있다. 또한 K2 인터내셔널 코리아에서는 상담, 가족 모임과 같은 보호자를 위한 프로그램도 운영 중이다.

리커버리 센터는 정서적 어려움으로 인해 사회에서 고립된 만 18~34세 청년들(은톨이 성향)의 정신 건강을 위해 공동 생활을 비롯하여 일상 회복을 돕는 기관이다. 공동 생활 훈련을 할 수 있는 리커버리 하우스와 더불어 다양한 인문-예술 프로그램이 진행되는 리커버리 센터가 운영되고 있다.

은둔 상태가 심하지 않을 때 빨리 심리 상담을 하거나 병원을 찾는 게 중요하다. 상담을 한다고 해서 은톨이가 단기간에 해결되는 것은 아니지만, 상황을 객관적으로 바라볼 수 있게 되며 은톨이 부모의 고민과 불안을 완화하는 것에도 도움이 된다.

방에서 구출하기 위해서는 모든 방법이 동원되어야 한다

은톨이를 치료하려면 무엇부터 시작해야 할까? 우선, 은톨이 스스로 치료 의지를 가질 수 있게 도와주는 것이 필요할 것이다. 이를 위해서는 작은 목표부터 하나하나 달성해 나가는 것이 필요하다. 이소베 우시오(2009)에 따르면, 은톨이들은 처음에는 매우 당혹스러운 상황에 처하게 되고, 자기 부정과 무기력에 빠지게 된다. 이러한 자신의 상황에 대해 자신을 부정하지 않고 무기력에서 빠져나와 변화의 틀을 마련한 후에는, 작은 목표부터 세워나가는 것이 필요하다고 한다. 치료 의지가 생겼다고 해도, 은톨이의 대다수는 병원이나 상담센터를 방문해 정신 치료를 시작하는 것을 부담스러워 한다. 이럴 때 유용한 것이 바로 간단하고 즉시 할 수 있는 한 가지 약속을 만드는 것이다. 아침에 제때 일어나기, 침대를 정리하기부터 시작해서, 다른 사람들이 돌아다니지 않는 밤에 산책을 가 보기, 가족에게 인사를 하기 등 단계적으로 계획을 세우고 실현하는 것에서 보람을 느끼는 것이 치료의 시작점이 될 수 있을 것이다.

은톨이로부터 벗어나기 위한 다양한 치료나 접근법이 시도되고 있다. 많은 은톨이가 불규칙한 식습관, 영향 불균형, 운동 부족 등 생활리듬이 깨지게 되는데, 이러한 점들을 리듬을 이용해 치유한다는 것이 리듬 치료(북치기 교육, 명상 교육 등)이다. 또한 기숙시설에서 공동 주거 생활을 하는 기숙치료가 있다. 앞서 잠시 언급되었던 K2 인터내셔널 코리아는 2012년 출범된 서울 성북동 소재 공동 주거 시설로 현재까지 은톨이를 위해 왕성한 지원 활동을 하고 있다.

부모는 은톨이 자식에 대한 가해자인가 피해자인가, 치료자인가

은톨이의 부모 중에는 자녀에 대한 지나친 과잉보호 또는 무관심한 양육 태도를 보이는 경우가 많다. 부모의 과잉보호나 과잉통제, 모자 밀착은 아이의 자율성과 독립성, 사회 기술 등이 형성하는 것을 방해할 수 있다. 특히 모자 밀착은 은톨이의 가족 관계에서 흔히 보이며 은톨이의 만성화 원인으로 생각된다. 이러한 상호 의존적인 관계에 대해 객관적 평가를 받고 그러한 관계에서 빨리 벗어나는 것이 은톨이에서 회복되는 것을 도울 수 있을 것이다. 또한 아버지의 가정에 대한 무관심이 이러한 모자 밀착 관계를 강화시키는 데 영향을 주게 된다. 따라서 아버지 역시 가족에게 관심을 가지고 참여하도록 변화해 나가는 노력이 필요하다.

부모는 은톨이 자녀가 스스로 느끼고 있을 자신의 은둔 생활에 대한 당혹감, 우울, 불안, 무기력함을 인정하고 공감해 주는 것이 필요하다. 특히 부모가 자신의 생각이나 가치관을 강요하는 것을 주의해야 한다. '언제까지 이럴 거냐?' '뭐라도 해 보려고 시도해 봐라' '이런 상황은 다 네 잘못이다' 등의 비난, 설교, 부정적 태도는 은톨이를 불안, 초조하게 만들고 부모-자녀 관계에 악영향을 끼칠 뿐이다. 자녀의 은둔 기간이 길어질수록 부모 역시 불안, 초조함을 느끼겠지만 자녀가 부담을 느끼지 않는 선에서 부모가 자신을 있는 그대로 인정하고 공감하려는 노력을 보여 주는 것이 필요하다. 부모가 정서적인 의사 소통을 시도하고 안정적이고 일관된 태도로 아이를 대하는 것이 도움이 될 것이다. 은톨이의 가족들 또한 심한 고통과 피로, 불안, 부담감 등의 부정적인 정서를 경험하게 된다. 따라서 필요한 경우에는 가족들 역시 정신건강의학과적 치료를 받는 것이 도움이 될 것이다.

부모를 폭행할 경우에 대한 대처 방안

은톨이는 자신의 은둔 상황에 대해 우울, 불안, 무기력감과 같은 부정적인 정서를 경험하기도 하며, 이러한 부정적인 정서는 가족에 대한 폭언이나 폭력으로 나타나기도 나기도 한다. 이런 경우 부모들은 전문가의 개입을 받고 나서 아이들이 보복하지 않을까 걱정하기도 한다. 하지만 폭력은 절대로 받아들여서는 안 될 행동이다. 폭력을 용납하게 되면 추가적인 폭력이 발생하게 될 뿐이다. 하지만 자녀의 폭력에 폭력으로 대항하기보다는 의연하고 일관성 있게 대응하면서 폭력이 허용되지 않는 행동임을 명확하게 표현하는 것이 필요하다. 또한 경우에 따라 경찰의 개입을 고려해야 하며, 정신건강의학과 의사 등 전문가와 상담하는 것이 필요하다. 또한 은톨이가 적절하고 건강하게 분노 표현을 할 수 있도록 대안을 제시해 주는 것도 도움이 될 수 있다. 즉, 폭력이 아닌 다른 방식으로 자신의 분노, 슬픔을 해소하는 것이 필요하다.

27

한국의 바람직한 은톨이 치료 연계 시스템 구축

은톨이는 가정과 사회의 압력에서 살아남으려고 노력을 했지만 이기지 못해 무력감에 빠져 버린 피해자이자 자기 주장을 제대로 못하는 약자 중의 약자이다. 은톨이는 범죄자나 예비 범죄자가 아니며 밖으로 나가지 않는 속성 때문에 오히려 범죄율이 낮은 집단이다.

최근 기사에 따르면, 2017년 은톨이의 수는 약 32만 명으로 추산된다고 한다. 국내에서도 상당수의 은톨이가 존재하고 있다는 것을 알 수 있고, 실태 조사가 이루어지고 있으나, 이들에 대한 전문적인 상담/치료 기관이나 지원 체계 등은 아직 미비하다. 현재까지 우리나라에서는 국가보다 민간이 주로 이러한 지원을 이끌어 가고 있다. 앞서 서술한 'K2 인터내셔널 코리아'라는 민간단체가 주가 되어 2012년부터 사회적 고립 청소년/청년을 대상으로 다양한 지원과 사회 복귀를 돕는 프로그램을 운영하고, 부모 협회를 구성하고 있으나, 이외에 상담센터나 지역사회 정신건강복지센터 등에서는 은톨이에 대해 전문적인 사업을 벌이지 않는다. 그러나 2020년부터 광주시 주도로 '은둔형 외톨이 지원 조례'가 만들어졌다. 이에 따르면 3년 주기의 실태 조사를 시행하고, 지원센터를 설립할 예정이며, 이처럼 사회적으로 은톨이에 대한 관심이 늘어나고 있어 앞으로 민-관에서 은톨이를 돕는 다양한 사업이 진행되기를 기대하는 바다.

우리나라 전체를 관점으로 해서 은톨이 문제를 해결하려면 어떤 노력이 필요할까? 먼저, 은톨이는 사회와 문화의 병이라는 점에서, 물질이 정신을 따라가지 못하는 현대 사회 문제를 해결하면 자연스럽게 나아질 것이라 기대한다. 이는 근본 해결이 되겠지만 현실적으로 사회 문제를 해결하는 것은 매우 어려우며, 뜬구름 잡는 소리처럼 들린다. 따라서 먼저, 문제 파악-해결의 관점에서는 개개인에 대해 적절한 치료와 더불어 사회 공동체가 은톨이를 품어 줄 수 있는 문화 형성이 필요하다. 따라서 병원과 가정에서는 은톨이 개인을 파악하고 적절히 평가한 다음, 그에 맞는 치료를 하고, 사회는 은톨이에 대한 지원 체계를 개발하는 것이 중요하다. 일본의 히키코모리 지역사회 지원센터를 참고하여 우리나라의 정신건강증진센터 네트워크를 이용한다면 비슷한 수준의 대응을 할 수 있을 것으로 기대된다.

지역 기반 치료 연계는 어떤 방식으로 이루어지면 좋을까? 이 문제가 전문가 한 사람, 또는 일개 기관의 노력만으로는 해결되기 힘들다는 사실은 일본에서의 다양한 사례를 기반으로 할 때에도 뚜렷하게 알 수 있다. 한 가지 예를 들어 보도록 하겠다.

어느 날, 정신 건강증진센터에 한 통의 전화가 울렸다.

"네, XX시 정신 건강증진센터입니다. 어떻게 전화하셨습니까?"

"그…… 저, 최근에 은둔형 부적응 청소년 지원 사업을 하고 있다고 들었습니다."

통상 은둔형 외톨이 지원을 위해 센터에 의뢰되는 경우는 가족들이 연락을 주는 경우가 많으나, 이 사례의 경우에는 주민센터의 사회복지사가 연락을 했다. 사회복지사는 현재 6개월 간 학교를 가지 않고 있는 초등학교 5학년 남학생 U군을 의뢰했다. 사회복지사에 따르면, 특별한 이유 없이 부모에게 신경질을 부리고 학교에 가지 않는 은둔 생활이 장기화되고 있다는 것이었다. 센터의 상담사는 의뢰한 사회복지사를 통해 U군의 어머니와 전화 상담을 할 수 있었다. U군의 어머니는 처음에는 정신건강의학과에 다니는 것이 부담스럽다며 방문 상담을 거부하였지만, 의뢰 시점으로부터 2~3개월간 추가적으로 U군이 은둔 생활을 지속하고, 신경질을 내며 부모님에 대해 공격적인 행동까지 하는 등 상태가 악화되자 결국 다시 정신 건강증진센터로 연락해 왔다.

이때에 주민센터-정신 건강증진센터로의 연계가 큰 도움이 되었다. 주민센터의 사회복지사는 오랜 시간 이 가정을 담당하여 기초생활수급자 등록 등을 하면서 사례에 대한 전반적인 이해를 빠르게 도와주었으며, U군의 가정 환경과 개인력 등에 대한 정보를 제공하였다. 또한 지속적으로 보호자들과 상의하여 정신 건강증진센터 연계에 대한 거부감을 줄일 수 있었다. 또한 중간에 보호자의 연락처가 변경되었을 때, 주민센터 사회복지사와 통장의 협조가 아니었다면 사례 관리를 이어 나갈 수 없었을 것이다.

수차례의 방문 끝에 상담사는 U군의 가정을 방문하여 대면 상담을 진행할 수 있게 되었다. U군은 부모님에 대한 반감, 그리고 이사와 동시에 전학한 학교에 대한 거부감으로 인해 학교 등교를 거부하고 있다는 것을 이야기했다. 1시간 가까이 이어지는 면담 후, U군은 상담사와 지속적으로 상담을 하는 것에 긍정적인 반응을 보였다.

"U군은 나중에 어른이 되었을 때 또래들과 자신이 어떻게 다를 것 같아요?"

"음…… 그때가 되면 저는 학교도 졸업하지 않았을 테고, 분명 후회할 거 같아요. 그래도 그때는 이미 늦을 거 같아요."

"그럼 계속 저와 만나서 상담을 하고, 도움을 주는 건 어떻게 생각해요?"

"좋아요 선생님, 센터에도 제가 한번 가 볼게요."

이후 U군은 센터를 방문하여 정기적인 사례 관리와 상담을 이어 나가게 되었다. 수차례의 상담과 설문 검사 이후, U군은 우울증과 불면증 등에 대해 임상적 치료가 필요한 수준임이 확인되었고, 당시 소아정신건강의학과 병원으로 연계되어 진료를 보게 되었다. U군은 정신건강의학과 진료와 검사 끝에 약물 투약이 필요하다는 소견으로 치료를 받게 되었으며, 품행 장애, 외상 후 스트레스 장애에 대해서 약물 치료를 이어 나가면서 규칙적인 생활과 분노로 인한 행동 문제의 감소를 보였다. 수개월 간의 상담과 치료 끝에, U군은 학교로 복귀하였고, 부모와 아동 모두 '센터에 오길 잘했다'며 긍정적인 반응을 보였다.

이처럼 연계 시스템이 활성화되면, 어느 한 사람의 노력으로는 달성할 수 없는 결과를 이끌어낼 수가 있다. 주민센터-정신건강복지센터-병원으로의 연계가 이루어졌기 때문에 좋은 치료 결과가 이루어졌다. 물론 이 사례는 어떠한 정식 연계 시스템에 의한 것이 아니라, 내담자를 위하는 주민센터 사회복지사의 노력의 발로였으나, 이러한 연계는 체계적인 시스템([그림 15])을 통해서 보편적으로 활성화될 수 있다. 따라서 앞으로 은톨이들을 돕기 위한 국가 차원의 지원이 필요하다.

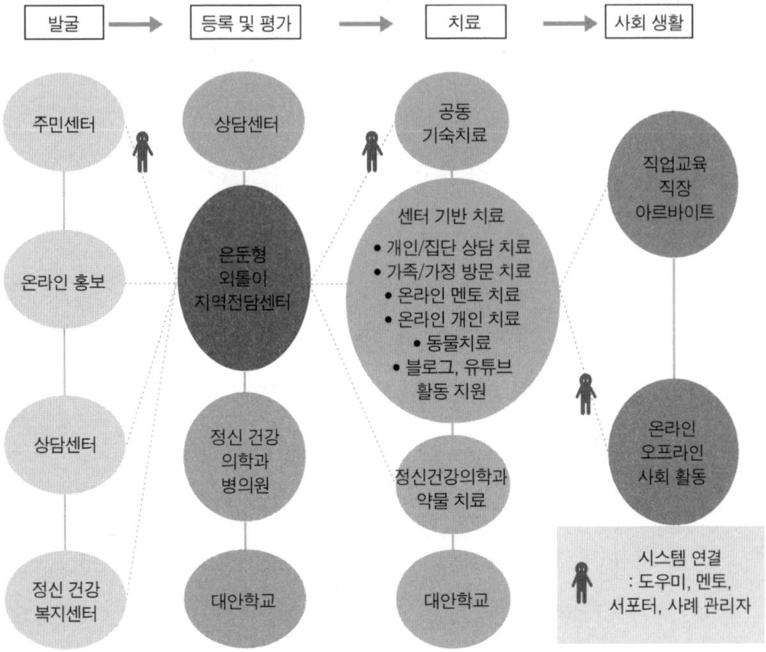

[그림 15] 지역 기반 중심 은둔형 외톨이 치료 · 재활 연계 시스템 제안 (이영식, 2020)

중앙대학교 의과대학 정신건강의학과 명예교수

이영식

누구나 은둔형 외톨이화되어 가는 미래인

봉준호 감독의 2008년 제작 단편영화 〈흔들리는 도쿄〉의 거리 풍경은 삭막하다. 사람은 온데간데없이 텅 빈 거리에 피자배달 로봇이 간간이 보일 뿐이다. 갑자기 땅이 흔들리자 집 안에 박혀 있던 사람들이 공포에 질려 모두 거리로 쏟아져 나온다. 잠시 후 지진이 멈추면 사람들은 언제 그랬냐는 듯이 다시 집으로 들어가 거리는 텅 빈다. 모두가 은톨이가 되어 버린 세상이다. 이 영화 역시 은톨이를 주제로 다룬 다른 영화들과 마찬가지로 최종 장면은 엄청난 용기를 내어 그간의 은톨이 생활을 과감히 탈출하는 것이고 탈출의 힘은 남녀 간 만남, 사랑이다.

인간은 혼자 돌아다니는 동물이 아니라 무리 본능(herd instinct)

에 의해서 무리를 지어서 다니며 수렵채집(hunting gathering)을 했던 종으로, 고대 그리스 철학자 아리스토텔레스는 "인간은 사회적 동물이다."라고 규정하였다. 하지만 21세기는 기계문명의 발달과 경제적 논리에 따라 인터넷, 디지털, 로봇, 인공지능, 제4차 산업혁명과 같은 비인간 생명체와 연결되어야 하고 공존해야 하며 때로는 비인간 생명체와 경쟁해야 하는 포스트휴머니즘 사회이다. 즉, "인간은 사회적 동물이 아니라 어떤 경우 사회와 연결하고, 어떤 경우 사회와의 연결을 끊는 동물, 즉 은둔할 줄 아는 동물로 바뀐 것이다."(김홍중, 2020).

우리는 해가 갈수록 포기해야 될 게 점점 늘어나는 사회에 살고 있다. 즉, 3포 세대(연애, 결혼, 자녀 포기), 5포 세대(연애, 결혼, 자녀, 내 집, 인간관계 포기), 7포 세대(연애, 결혼, 자녀, 내 집, 인간관계, 꿈, 희망 포기)의 등장이다. 자동화 기계와 로봇에 일을 뺏겨 일할 직장이 없어져서, 제4차 산업혁명 비대면 재택근무로, 방안에 가만히 앉아서 세상과 소통할 수 있는 인터넷에 빠져, 택배로 집에서 모든 것이 해결되어서, 몸치장하고 나가는 것이 귀찮아서, 사람 만날 필요성이 절실하지도 않고 만나는 것이 부담스러워서, 집 밖은 각종 사고, 미세먼지, 코로나로 위험해서 등등의 여러 이유로 혼자 집에 혹은 혼자 방에 틀어박혀 있는 사람들이 점점 늘어날 것은 자명한 현실이다. 이 중에는 싱글족, 혼족, 얼로너(aloner)와 같이 은둔, 외톨이 생활을 즐기는 사람들도 있겠고, 괴롭지만 은둔형 외톨이 생활을 할 수밖에 없는 처지에 놓인 안타까운 사람들도 있을 것이다.

이 책에 등장하는 여러 인물과 사회적 현상은 포스트코로나 시대의 우리 이야기가 될 수 있다. 더욱이 2020년 코로나로 인해 비대면 사회가 일상화되어 가는 세상에 익숙해진 마스크 세대가 살 미래 세상이 어떨지 궁금하다. 코로나 이후 다가올 세상에서 혹시 은톨이와 연관 지어 발생할 예기치 못한 문제들을 미리 생각해 보고 대책을 강구하는 것이 의미 있다고 본다.

참고문헌

교육청(2005). **은둔형 외톨이 등 사회부적응 청소년 지원방안 국제 심포지엄 자료집**. 서울: 국가청소년위원회.

김기헌, 이윤주, 유설희, 배진우(2017). 청년 사회 경제 실태 및 정책방안 연구 II. 한국청소년정책연구원.

김홍중(2020). **은둔기계**. 경기: 문학동네.

대한소아청소년정신의학회(2012). 청소년정신의학. 서울: 시그마프레스.

대한청소년정신의학회(2007). **은둔형 외톨이 청소년 사례집**. 서울: 국가청소년위원회.

백형태, 김붕년, 신민섭, 안동현, 이영식(2011). 부모 작성용 은둔형 외톨이 선별 도구 개발. **소아청소년정신의학**, 22(4): 262-270.

보건복지부(2019). **은둔형 외톨이 실태 조사 보고서**. 서울: 정신건강기술개발사업단.

여인중(2005). **은둔형 외톨이**. 서울: 지혜문학.

오오쿠사 미노루(2020). **'은둔형 외톨이' 지원 방안 세미나 자료집**. 서울: 사회적외톨이지원연대준비모임

윤철경, 서보람(2020). **은둔형 외톨이 국내외 지원 현황과 정잼 진단 세미나 자료집**. 서울: 사회적외톨이지원연대준비모임

이소베 우시오(2009). **스타벅스로 간 은둔형 외톨이**. 이성동 역. 서울: 대숲바람.

이영식, 대한청소년정신의학회(2007). **심각한 은둔형 부적응 청소년의 원**

인 규명 및 치료(예방)를 위한 가정방문사업. 서울: 국가청소년위원회.

이윤지, 서민재, 최태영(2015). 한국 청소년에서 사회적 은둔의 정신병리적 특성. **신경정신의학**, 54(4): 549-555.

한덕현, 이영식, 신의진, 손지현(2015). **우리아이가 하루 종일 인터넷만 해요**. 서울: 시공사.

Bong S. H., Kim K. M., Seol, K. H., & Kim J. W. (2021). Bullying perpetration and victimization in elementary school students diagnosed with attention-deficit/hyperactivity disorder. *Asian Journal of Psychiatry*.

Bong S. H., Won G. H., & Choi T. Y. (2021). Effects of Cognitive-Behavioral Therapy based Music Therapy in Korean Adolescents with Smartphone and Internet Addiction. *Psychiatry Investigation, 18*(2): 110-117.

Kato T. A., Tateno M., Shinfuku N., Fujisawa D., Teo A. R., Sartorius N., Akiyama T., Ishida T., Choi T. Y., Balhara Y. P., Matsumoto R., Umene-Nakano W., Fujimura Y., Wand A., Chang J. P., Chang R. Y., Shadloo B., Ahmed H. U., Lerthattasilp T., & Kanba S. (2012). Does the 'hikikomori' syndrome of social withdrawal exist outside Japan? A preliminary international investigation.

Social Psychiatry Epidemiol, *47*(7): 1061-1075.

Lee Y. S., Lee J. Y., Choi, T. Y., & Choi J. T. (2013). Home visitation program for detecting, evaluating and treating socially withdrawn youth in Korea. *Psychiatry and Clinical Neurosciences*, *67*(4): 193-202.

Takahiro A. Kato, Shigenobu Kanba, & Alan R. Teo. (2019). Hikikomori: Multidimensional understanding, assessment, and future international perspectives. Psychiatry and Clinical Neurosciences, 73(8): 427-440.

Teo A. R., Fetters M. D., Stufflebam K., Tateno M., Balhara Y. ,Choi T. Y., Kanba S., Mathews C. A., & Kato T. A. (2015). Identification of the hikikomori syndrome of social withdrawal. Psychosocial features and treatment preferences in four countries. *International Journal Social Psychiatry*, *61*: 64-72.

저자 소개

이영식(Young Sik Lee)

서울대학교 의과대학 대학원 박사(정신의학)
대한신경정신의학회 교육이사
대한소아청소년정신의학회 이사장
대한청소년정신의학회 이사장
한국중독정신의학회 회장
성인ADHD연구회 회장
중앙대학교 의과대학 정신건강의학과 교수

현 중앙대학교 의과대학 정신건강의학과 명예교수
의정부 힐링스 병원 정신건강의학과 과장

〈주요 저서 및 역서〉

우리 아이가 하루 종일 인터넷만 해요(공저, 시공사, 2015)
인터넷 중독의 특성과 쟁점(편저, 시그마프레스, 2015)
DSM-5 정신 질환의 진단 및 통계 편람(5판, 공역, 학지사, 2015)
학교 위기개입(공저, 학지사, 2010)
약물중독의 인지행동치료(공저, 하나의학사, 2003)
우리아이 왜 이럴까?(공저, 시서례, 2001)
인간발달의 통합적 이해(공역, 이화여자대학교출판부, 1998)

최태영(Tae Young Choi)

중앙대학교 의과대학 대학원 박사(정신의학)
미국 유타대학교 뇌과학 연구소 연구교수
대한소아청소년정신의학회 홍보위원회, 학교정신건강위원회 의원

현 대구가톨릭대학교 의과대학 정신건강의학교실 교수
대구가톨릭대학교병원 정신건강의학과 과장
대구광역시 교육청 지정 대구가톨릭Wee센터 센터장
대구경북 게임과몰입힐링센터 센터장
대한생물치료정신의학회 간행이사

〈주요 저서〉

청소년 정신의학(공저, 군자출판사, 출판중)
신경정신의학(3판, 공저, 아이엠이즈컴퍼니, 2017)
DSM-5에 준하여 새롭게 쓴 소아정신의학(공저, 학지사, 2014)

은둔형 외톨이 탈출기

우리 모두의 이야기

The Story of Us: Guide Escaping from Hikikomori life

2022년 1월 10일 1판 1쇄 인쇄
2022년 1월 20일 1판 1쇄 발행

지은이 • 이영식 · 최태영
펴낸이 • 김진환
펴낸곳 • (주) 학지사

04031 서울특별시 마포구 양화로 15길 20 마인드월드빌딩
대표전화 • 02)330-5114 팩스 • 02)324-2345
등록번호 • 제313-2006-000265호

홈페이지 • http://www.hakjisa.co.kr
페이스북 • https://www.facebook.com/hakjisabook

ISBN 978-89-997-2555-5 93180

정가 14,000원